AF288868

Informationen zu Michaela Holzinger und ihren Büchern unter
www.michaela-holzinger.at

ISBN 978-3-7074-2504-8
1. Auflage 2023

Text: Michaela Holzinger
Illustration: Julia Gerigk
Lektorat: Valerie Meinitzer

Druck und Bindung: Livonia Print SIA

G&G
Gut für Ihr Kind
Gut für die Umwelt
Farben auf Pflanzenölbasis
Lösungsmittelfreie Klebstoffe
Gedruckt auf FSC-Papier
Hergestellt in Europa

Michaela Holzinger • Julia Gerigk

Bald ist Weihnachten, Stanislaus

24 Adventabenteuer mit dem Christkindpony

G&G

Inhalt

Lustig, lustig, trallalawieha, bald ist der Dezember da!

Hoch über den Wolken zwischen den Sternen lebt Stanislaus, das Christkindpony. Stanislaus ist der Helfer vom Nikolaus. Jahr für Jahr hat er den Nikolaussack von Haus zu Haus getragen. Bis zu dem Tag, als eine neue Aufgabe auf das aufgeweckte Kerlchen wartete: Stanislaus durfte für eines der zwölf Weihnachtspferde einspringen, die zu Weihnachten den Schlitten für das Christkind ziehen. Und weil er seine Sache so gut gemacht hat, ist er nun jedes Jahr beim Geschenkeverteilen mit dabei.

So auch in diesem Jahr, Stanislaus freut sich schon riesig darauf. Er blickt vergnügt auf das goldene Glöckchen neben seinem Strohbett, das ihm das Christkind geschenkt hat. Dabei können seine vier Minihufe kaum stillhalten, so groß ist die Weihnachtsvorfreude!

„Lustig, lustig, trallalawieha, bald ist der Dezember da!", trällert Stanislaus und hüpft um den Ohrensessel, in dem es sich der Nikolaus gemütlich gemacht hat.

„Ja, der Dezember ist wirklich der schönste Monat", brummt der Nikolaus gutmütig und blickt ins Kaminfeuer. „Aber wenn du weiterhin so herumzappelst, wirst du viel zu müde sein, um den Zauber im Advent zu erleben. Was du brauchst, ist eine heiße Tasse Apfelpunsch, die beruhigt." Doch als der Nikolaus zum Apfelkorb greifen will, ist er leer.

„Dann hole ich schnell Nachschub aus der Christkindküche",
bietet Stanislaus an, denn Apfelpunsch trinkt er für sein Leben
gern.

Der Nikolaus aber schüttelt den Kopf. „Bleib lieber hier. Draußen
tobt der Wintersturm. Nicht, dass du bei diesem Wetter noch
abstürzt."

„I-wo", wiehert Stanislaus vergnügt. „Ich kann doch fliegen!"
Und schon ist er aus der Tür galoppiert.

Den Weg zum Christkind kennt Stanislaus im Schlaf. Doch
der Wintersturm treibt die Wolken so wild vor sich her, dass er
aufpassen muss, wohin er hüpft. „Zauberzimt und Zuckerzacken!
So ein Brausewetter!", schnaubt er, als er von Wolke zu Wolke
hopst.

Zum Glück ist das Haus vom Christkind schon in Sicht.
Hell erleuchten die Bogenfenster den Sternenhimmel. Einen
Wolkensprung noch, dann hat er es geschafft. Gut, dass er kein
gewöhnliches Pony ist. Als Christkindpony kann Stanislaus nicht
nur fliegen, sondern auch viele andere Dinge. Frohen Mutes
nimmt er Anlauf und springt los.

Doch hui! Mit einem Mal erwischt ihn eine kräftige Böe,
und wo eben noch die Wolke war, ist jetzt gähnende Leere.
Stanislaus landet daneben. Dabei schlägt er einen Purzelbaum
in der wirbelnden Luft, dann noch einen, und noch einen …
bis ihm ganz schwindelig wird. „Hiiilfeee!" Stanislaus ist so
durcheinander, dass er keinen klaren Gedanken mehr fassen kann.

Dass er fliegen kann, fällt ihm nicht ein, und auch sonst nichts, was ihm helfen könnte. Er purzelt tiefer und tiefer, bis …

Na, lest selbst, denn nun beginnt die Geschichte. Sie wird euch bis zum 24. Dezember begleiten. Tag für Tag durch die schönste Zeit im Jahr!

1. Dezember
Eine übergroße Sternschnuppe

Kräftig fegt der Wind über den Brombeerhof, als Anika und
Niklas an diesem ersten Dezember ins Freie treten. Obwohl es erst
Nachmittag ist, dämmert es bereits, und Anika ist froh, dass Papa
die Weihnachtsbeleuchtung schon aus dem Keller geholt hat.
Nicht nur, weil sie die Dunkelheit nicht besonders mag, das graue
Sturmwetter ist dadurch zumindest ein bisschen weihnachtlicher.
Anika sagt: „Wie schön die Tanne mit der Lichterkette aussieht!"
„Mit Schnee wäre sie schöner", brummt Niklas und stapft über
den Hof auf den Stall zu. Doch der Himmel ist bloß voller
Regenwolken. Von Schnee weit und breit keine Spur, auch wenn
die Kinder noch so sehnsüchtig darauf warten.
„Ach, wir machen uns den Advent trotzdem schön", versucht
Anika ihren Bruder aufzuheitern. „Und gleich fangen wir damit an."
Da muss Niklas doch grinsen. „Ich bin schon so gespannt, wie Fee
und Lucky reagieren werden. Schließlich hat nicht jedes Pony
einen Adventkalender im Stall."
Anika kichert. Der Adventkalender für die Ponys ist ihre Idee
gewesen. Anfangs wollte Niklas nicht mitmachen. Doch als
Anika mit dem Basteln anfing, überlegte er es sich anders.
„Wäre ja unfair, wenn deine Fee einen kriegt und mein Lucky
nicht", meinte er und griff selbst zu Papier und Schere.

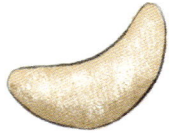
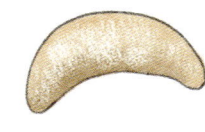

Jetzt ist es endlich so weit! Die Hausübung haben sie schnell hingekritzelt, damit genug Zeit bleibt. Immerhin wartet ja auch noch ihr eigener Adventkalender auf sie. Genauso wie die Vanillekipferl, die Mama mit dem kleinen Lukas gerade backt. Wenn Papa vom Weihnachtsmarkt unten aus dem Städtchen nach Hause kommt, werden sie sich alle an den Tisch setzen und die erste Kerze am Adventkranz anzünden. Papa wird eine Geschichte vorlesen und Mama Weihnachtslieder singen, während sie einen Berg Vanillekipferl verdrücken. Schön wird das! Aber vorher sind noch Fee und Lucky dran – denn die wollen bestimmt auch den Advent feiern! Als die Kinder das Stalltor aufschieben, blinzeln sie unzählige Schafe traumverloren an. Aus einem eigenen Abteil hört man ein munteres Grummeln. „Hallo, ihr zwei", begrüßt Anika die Ponys und schlüpft zu Fee, die ein getupftes Fell hat. Niklas' Pony Lucky hingegen ist fuchsfarben. „Seid ihr schon neugierig?" Niklas zeigt auf die Holzwand hinter ihnen. Dort hängen, hübsch aufgereiht an einer Schnur, jeweils vierundzwanzig Papiertüten. Feierlich öffnet Anika das erste Tütchen. Ein Stern-Leckerli kommt jeweils zum Vorschein und Fee und Lucky lassen es sich schmecken. Danach führen die Kinder die beiden auf die Weide, damit sich die Ponys ein bisschen die Beine vertreten können.
Inzwischen ist es draußen stockfinster geworden. Doch im Gegensatz zu Anika haben die Ponys kein Problem mit der Dunkelheit.

Übermütig flitzen sie bis zum Ende der Koppel, wo die Nacht sie prompt verschluckt.

Da sagt Niklas plötzlich: „Was ist das dort oben zwischen den Wolken?"

Etwas Helles zieht über ihnen am Himmel vorbei, wie eine übergroße Lichtkugel.

Anika blinzelt. „Kommt das auf uns zu?"

Ihr Bruder antwortet nicht. Er starrt weiter auf das Helle, das nun wirklich immer heller wird. Und näher, immer näher kommt …

„IN DECKUNG!" Hastig zieht er seine Schwester mit sich hinter die Brombeerhecke. Für einen kurzen Moment erleuchtet gleißendes Licht die Ponywiese, ehe es wieder dunkel wird.

„Was war das denn?", japst Anika.

Niklas' Augen blitzen vor Aufregung. „Bestimmt eine Sternschnuppe. Komm, wir suchen sie."

Doch kaum haben die Kinder die Weide betreten, traben die Ponys eilig auf sie zu. Anika und Niklas trauen ihren Augen nicht: Ein schneeweißes Pony steht auf einmal neben Lucky und Fee.

„Wo kommt das denn her?", staunt Anika.

Das weiße Pony blickt sich verdattert um, als wüsste es das selbst nicht so genau.

„Bestimmt ist es irgendwo ausgebüxt", meint Niklas. „Und jetzt findet es nicht mehr nach Hause. Am besten, wir bringen die drei in den Stall und geben Papa Bescheid. Nach der Sternschnuppe können wir auch morgen suchen."

2. Dezember
Das heimatlose Pony

„Wir haben alle aus der Schule gefragt", erzählt Niklas am
nächsten Tag aufgeregt beim Mittagessen. „Doch das weiße Pony
wird von niemandem vermisst."

„Können wir es also behalten?", ruft Anika sofort. „Es ist so
niedlich! Lukas will bestimmt auch mal eines haben, stimmt's?"
Sie zwinkert ihrem kleinen Bruder zu, der daraufhin eifrig nickt.

„Lukas ist noch viel zu klein für ein eigenes Pony", sagt Papa.
„Außerdem würdet ihr Fee und Lucky ja auch wiederhaben
wollen, wenn sie weggerannt wären, oder?"

Da hat Papa recht. Andererseits, wo soll das Pony denn hin,
wenn niemand weiß, wo es wohnt?

Als hätte Mama die Gedanken der Kinder erraten, sagt sie: „Es
kann natürlich so lange bleiben, bis der Besitzer gefunden ist."

„Und das kann dauern." Papa kratzt sich am Kinn. „Ich habe
heute auf dem Weihnachtsmarkt herumgefragt. Niemand kennt
das Pony. Es ist wie verhext."

„Oder wie verzaubert", haucht Anika plötzlich und erzählt, was
gestern auf der Ponyweide passiert ist. „Vielleicht ist es ja vom
Himmel gefallen?!"

„Das war bloß eine Sternschnuppe", sagt Niklas. „Bestimmt hat
das Pony sich vor dem Licht erschreckt und ist deshalb abgehauen."

Mama und Papa hingegen lachen: „Was du dir immer ausdenkst, Anika."

Anika grinst, ehe sie sich erschrocken die Hände vor den Mund schlägt. „Aber wenn das Pony bleiben darf, braucht es auch einen Ponyadventkalender. Sonst ist das unfair!"

„Ein Glück, dass Oma Hetti heute zu Besuch kommt", beruhigt Mama sie. „Sie hilft euch bestimmt gern beim Basteln. Gemeinsam geht es ratzfatz."

Erleichtert seufzt Anika auf. „Fehlt nur noch ein Name für das Pony." Sie überlegt. „Wie wäre es mit Sternschnuppe?"

„Zu kitschig", meint Niklas sofort. „Ich bin für Stormy!"

Als Anika den Kopf schüttelt, kräht Lukas: „Traktor!"

Bei ihm heißt derzeit alles so wie sein Lieblingsfahrzeug. Doch ein Pony namens Traktor, das wäre echt komisch und deshalb lachen alle.

Nach dem Mittagessen laufen Anika und Niklas hinaus auf die Weide.

„Hallo Sternschnuppe", rufen sie von Weitem.

„Meinen sie etwa mich?" Verwundert hebt Stanislaus den Kopf, während Fee vor Staunen das Heu aus dem Maul plumpst.

„Du verstehst, was die Kinder sagen?", fragt sie verblüfft.

Stanislaus nickt. „Klar, ihr nicht?"

Fee und Lucky schütteln die Mähnen. „Kein Pony kann das. Zumindest kein normales", fügt Lucky hinzu und sieht Stanislaus prüfend an. „Woher kommst du noch mal?"

„Äh …“ Stanislaus legt die Ohren schief, so sehr muss er sich beim Nachdenken anstrengen. Irgendwie fühlt sich sein Kopf ganz schön durcheinander an. „Ich weiß es nicht“, gibt er schließlich zu. „Ich weiß nur, dass ich Stanislaus heiße.“ Er blickt zu den Kindern. „Vielleicht sollte ich ihnen das sagen.“

„Bloß nicht“, schnaubt Fee warnend. „Tiere können nicht mit Menschen sprechen, und du solltest das besser auch nicht tun. Wer weiß, was sonst passiert.“

„Siehst du“, sagt Niklas inzwischen am Zaun. „Auf Sternschnuppe reagiert er überhaupt nicht. Wir nennen ihn Stormy.“ Er geht auf Stanislaus zu. „Willst du Stormy heißen?“

Da schüttelt Stanislaus verlegen seine Wuschelmähne, woraufhin Anika lacht. „Hast du das gesehen? Er hat Nein gesagt. Also doch Sternschnuppe!“

Und wieder schüttelt er den Kopf. Jetzt lacht Niklas.

„Stanislaus“, flüstert plötzlich eine leise Stimme.

Überrascht blicken sich die Kinder um. Woher ist das gekommen? War das der Wind?

„Stanislaus?“, wiederholt Niklas verblüfft.

„Ist das dein Name?“, fragt Anika.

Als Stanislaus nickt, schauen sich die Kinder mit großen Augen an.

„Du bist ja ein besonderes Pony“, staunen sie.

Ja, denkt Stanislaus. Wenn ich nur wüsste, warum das so ist.

3. Dezember
Wo ist Stanislaus?

Im Himmel geht der Nikolaus besorgt mit großen Schritten auf und ab. „Ich habe es ihm gesagt. Den Winterstürmen ist nicht zu trauen. Aber Stanislaus wollte nicht hören." Er seufzt und sieht dabei das Christkind an. „Und nun ist er wie vom Wolkenboden verschluckt. Meinst du, er ist abgestürzt?" Das Christkind überlegt eine Weile, ehe es mit heller Stimme antwortet: „Wenn Stanislaus wirklich vom Himmel gefallen ist, hat er sich zumindest nicht verletzt. Er hat doch diese besonderen Fähigkeiten, die ich ihm verliehen habe, um am Heiligen Abend mit uns die Geschenke zu verteilen."

„Genau", wiehert Frau Holle, eines der zwölf Weihnachtspferde zu. „Dein Stanislaus weiß sich in jeder Lage zu helfen."

Die anderen Weihnachtspferde nicken. Das kleine, pfiffige Pony haben sie alle in ihr Pferdeherz geschlossen. Sogar Schneekönig, der Chef der Truppe, auch wenn er das nur ungern zugibt.

„Aber ... aber", stammelt der Nikolaus. „Wenn ihm nichts passiert ist, warum kommt er dann nicht zurück? Schon bald ist Nikolaustag. Da brauche ich ihn! Und du brauchst ihn zu Weihnachten doch auch!"

Das Christkind blickt mitfühlend. Es weiß, wie sehr der Nikolaus an seinem Pony hängt. „Ich könnte ein paar Engel losschicken, um nach ihm zu suchen", schlägt es vor.

„Wir übernehmen das", sagt Schneekönig und wirft seinen edlen Kopf in Richtung der anderen. „Abgemacht?"

Die weißen Pferde nicken, und sofort nimmt jedes seinen Platz ein.

Schneekönig und Schneeweißchen gehen zuerst.

Dann Flocke und Glitzer. Gefolgt von Sternchen und Glöckchen. In der Mitte sind Eissturm und Frosty. Dahinter Zimthuf und Wolke. Zu guter Letzt geht der alte Johannes mit Frau Holle.

Dann galoppieren die Weihnachtspferde los. Die Hufe fliegen dahin. Durch die kalte Winterluft. Klingelingeling.

Die Weihnachtspferde durchkämmen den Himmel, sie klappern jede Wolke ab und blicken hinunter auf die Erde. Doch von Stanislaus fehlt jede Spur.

„Vielleicht", meint Schneekönig, als sie abends in den christkindlichen Stall zurückkehren, „ist Stanislaus wirklich vom Himmel gefallen und irgendwo bei den Menschen gelandet. Nun weiß er nicht, wer er ist."

„Jaaa", raunt Zimthuf zustimmend. „Das ist mir auch einmal passiert, als ich noch ein Fohlen war. Da hat mich der Wintersturm so durcheinandergewirbelt, dass ich mich kurz an gar nichts mehr erinnern konnte."

„Du meinst, Stanislaus hat eine Pony-Gehirnerschütterung?", ruft Wolke entsetzt.

„Das wird dem Nikolaus gar nicht gefallen", schnaubt der alte Johannes. „Und dem Christkind auch nicht."

„Kann man denn da nichts dagegen tun?", fragen Sternchen und Glöckchen.

„Das Einzige, was hilft, ist Weihnachtszauber", erklärt Zimthuf. „Und zwar eine ganze Menge. Das bringt die Erinnerung wieder auf Trab, nur …" Sie hält inne und blickt grübelnd zum Stallfenster hinaus, wo in weiter Ferne die Lichter der Erde in der Dunkelheit flackern. „Hoffentlich bekommt er von den Menschen auch eine ordentliche Portion davon."

4. Dezember

Weihnachtszauber

Stanislaus schnaubt, während er die vielen Papiertüten bewundert, die nun auch für ihn an der Stallwand hängen.

Sie sind mit roten und silbernen Sternen geschmückt, und auf jedem Tütchen steht eine Zahl. Als Anika und Niklas das vierte Tütchen vom Ponyadventkalender öffnen, kommt ein Zettel zum Vorschein.

„Das ist ein Gutschein für einen ganz besonderen Waldspaziergang", verkünden sie und führen die drei Ponys sogleich nach draußen. Dort warten schon die Eltern mit dem kleinen Lukas. Gemeinsam gehen sie alle in den Wald.

Oh, wie schön es da ist! Stanislaus kann sich gar nicht sattsehen. Alles ist voller Raureif und überall glitzert es.

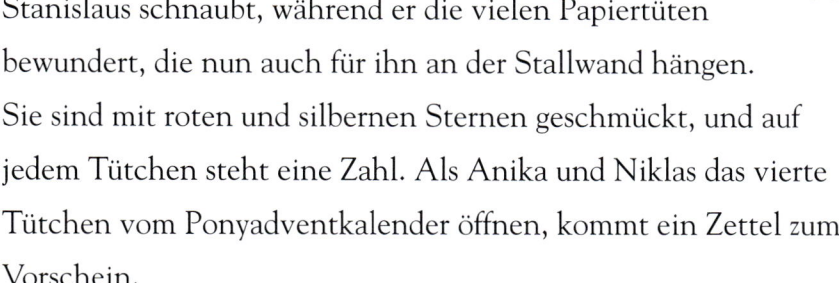
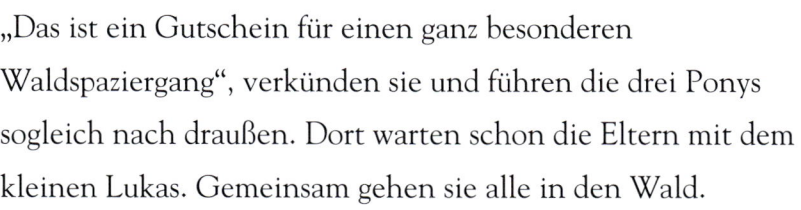
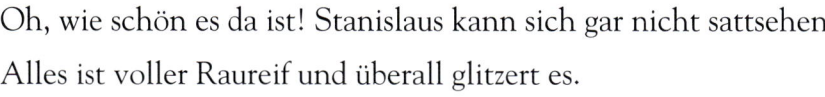
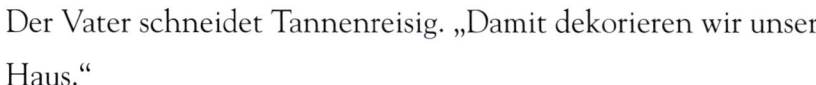

Der Vater schneidet Tannenreisig. „Damit dekorieren wir unser Haus."

Und die Mutter zwickt Kirschzweige ab. „Weil heute Barbaratag ist", sagt sie und erklärt den alten Brauch: „Wenn man am 4. Dezember Barbarazweige schneidet und sie in eine Vase mit Wasser gibt, soll das Glück bringen. Aber nur, wenn die Zweige am 24. Dezember auch erblühen."

„Glück ist immer gut", lacht der Vater und hebt den kleinen Lukas auf Stanislaus' Rücken.

„Traktor", ruft Lukas sofort, und Stanislaus tut ihm den Gefallen und schnaubt wie ein lauter Knattermotor. Grumm-Brumm! Da lacht der Kleine, während Anika und Niklas Bauklötze staunen.

Zurück im Stall ist Stanislaus vom Waldausflug ganz heimelig zumute. Der würzige Tannenduft und der Raureif, die Glücksgeschichte von den Barbarazweigen, die fröhlichen Gesichter der Kinder und dazu die bunten Papiertüten an der Holzwand … das alles berührt sein Herz auf merkwürdige Weise.

„Ist es hier immer so zauberhaft?", will Stanislaus wissen.

„Das liegt am Advent", erklärt Fee. „In der Zeit vor Weihnachten tun die Menschen die sonderbarsten Dinge."

Weihnachten! Bei dem Wort fühlt sich Stanislaus auf einen Schlag ganz kribbelig. „Was ist das?"

„So genau weiß ich das auch nicht", meint Fee. „Aber es hat etwas mit Freude zu tun."

„Und mit Fressen", schnaubt Lucky.

„Auch mit dem Winter", blökt der Schafbock dazwischen.

„Es ist Winter", ruft Stanislaus. „Könnt ihr mir Weihnachten also zeigen?"

Verdutzt blicken die Ponys ihn an. „Jetzt sofort? Das Stalltor ist längst verschlossen."

„Wenn es nur das ist", trällert Stanislaus und streckt seine Ponynase in Richtung Tor. Schon öffnet es sich wie von Zauberhand.

„Wie hast du das gemacht?", wiehern Fee und Lucky beeindruckt.

„Kannst wohl zaubern", blökt der Schafbock.

„I-wo", erklärt Stanislaus. „Das kann jeder!"

„Eben nicht!", rufen Fee und Lucky.

„Ach so?", meint Stanislaus, während seine Ponyaugen abenteuerlustig zum Tor hinüberhuschen. Eine herrliche Melodie schwebt soeben zum Stall herein, und die klingt ziemlich verheißungsvoll. „Wenn es schon mal offen ist, könnten wir doch nachsehen. Hört ihr das?"

Nun sind auch Fee und Lucky neugierig geworden. Sogar der Schafbock kommt mit. Gemeinsam schleichen die Tiere über den Hof zum Wohnhaus. Vor dem Küchenfenster bleiben sie stehen und spähen ins Innere.

„Lustig, lustig, trallalala, bald ist Nikolausabend da!", singen die Kinder im Warmen.

„Trallalawieha", singt Stanislaus mit. „Das Lied kenne ich!"

Da hören die Kinder auf zu singen und blicken verdutzt zum Fenster.

„Schnell weg!", zischt der Schafbock und trippelt auf Bockhufen zurück in den Stall. Stanislaus, Fee und Lucky folgen ihm. Gerade noch rechtzeitig. Schon geht die Hoftür auf und Anika und Niklas stecken die Köpfe ins Freie. Zum Glück sehen sie nicht, dass das Stalltor einen Spalt breit offen steht. Erst als die Kinder wieder im Haus sind, macht Stanislaus es leise hinter sich zu.

5. Dezember
Kramplzahn

„Schon morgen", grummelt der Nikolaus in seinen Bart, als er den Berg hochklettert. „Schon morgen ist Nikolaustag, aber von Stanislaus fehlt jede Spur."

Es bleibt ihm nichts anderes übrig, als dieses Jahr einen Krampus um Hilfe zu bitten, ihm den Sack zu den Kindern zu tragen. Glücklich ist der Nikolaus darüber nicht. Und die Kinder werden es wohl auch nicht sein, denn Stanislaus mögen alle. Krampusse hingegen sind, na ja … schon etwas merkwürdig.

Sie hausen hoch oben in den Bergen und kommen nur selten hinunter ins Tal, weil sie sehr scheu sind. Aber das weiß niemand. Die Menschen haben stattdessen Angst vor ihnen, weil sie so schaurig aussehen. Dabei sind Krampusse im Grunde völlig harmlos. Ihr zotteliges Fell haben sie, weil es in den Bergen klirrkalt ist. Die Krallen brauchen sie, um an Felshängen nicht abzurutschen. Die brüllende Stimme dient ihnen, um sich über weite Strecken im Gebirge zu verständigen. Und die Hörner sind dazu da, um neugierige Wanderer im Glauben zu lassen, sie seien eine Gams oder ein Steinbock, aber nie im Leben ein Krampus.

Dabei ist es zu Nikolausabend lange Zeit üblich gewesen, dass ein Krampus den Nikolaus begleitet. Nicht nur, weil diese Zottelwesen bärenstark sind. Es hat auch mit einem uralten Brauch zu tun.

Denn früher glaubten die Menschen, dass Krampusse mit ihrem wilden Aussehen die Dunkelheit im Winter vertreiben.

„Alles Quatsch!", brummt der Nikolaus und bleibt stehen. Am bequemsten wäre es sowieso, sich einfach ein Auto auszuleihen und damit zu den Kindern zu düsen. Aber das verbietet nun mal die Weihnachtstradition der Menschen, die besagt, dass er stets von einem Esel, einem Pony oder einem Krampus begleitet wird. Dummerweise war ein Esel auf die Schnelle nicht aufzutreiben. Und sein treues Pony scheint sich in Luft aufgelöst zu haben.

„Bleibt nur ein Krampus", sagt der Nikolaus und holt aus seiner Manteltasche Lebkuchen, den er auf ein Felsstück legt.

„Jetzt heißt es abwarten." Er sucht sich ein Versteck.

Lange Zeit passiert nichts, doch irgendwann traut sich endlich einer näher.

Als der Krampus den Lebkuchen gierig hinunterschlingt, zeigt sich der Nikolaus. „Grüß dich, Krampus!

Ich habe Arbeit für dich – und Lebkuchen. Wenn du mir hilfst, gibt's noch mehr davon."

Der scheue Krampus will Reißaus nehmen, aber wenn eines funktioniert, dann ist es, ihn mit Lebkuchen zu ködern, den mampfen Krampusse für ihr Leben gern.

„Jo", knurrt der Krampus und reibt sich den Fellbauch. „Mehr Lebkuacha konn i scho vertrogn!"

Auweia, denkt der Nikolaus. Das ist ja ein wundersamer Kerl! Und besonders groß ist er auch nicht. Hoffentlich kann der

überhaupt den Sack schleppen. Doch weil der Nikolaus ein gutes Herz hat, schickt er den zotteligen Knirps nicht fort, sondern gibt ihm noch eine Portion.

„Sauguat", schmatzt der Krampus glücklich.

„Wie heißt du denn?", will der Nikolaus wissen.

„Kramplzahn", sagt der Krampus mit schiefzähnigem Grinsen.

„Ich bin der Nikolaus", erklärt er. „Hast du von mir gehört?"

Kramplzahn schüttelt sein Fell. „Na, di kenn i net."

Der Nikolaus seufzt. Seit er seinen treuen Stanislaus hat, ist er nicht mehr hier oben gewesen. Kein Wunder, dass ihn die Krampusse vergessen haben. „Ich erkläre es dir", sagt er und beginnt zu erzählen:

„Und?", will er dann wissen. „Hast du alles verstanden? Wirst du mir morgen helfen?"

„Eh kloar", antwortet Kramplzahn und grinst schief. „I trog den Sack, und du trogst den Lebkuacha, weil ohne den, tua i nix."

„Lebkuchen habe ich genug", beruhigt ihn der Nikolaus.

Kramplzahn nickt, ehe er besorgt ins Tal runterschaut. „Oba die Kinda dort unten? Tuan de mir wirkli nix?"

„Keine Sorge, lieber Kramplzahn", versichert ihm der Nikolaus schmunzelnd. „Die Kinder sind im Grunde völlig harmlos."

6. Dezember
Der Nikolaus kommt

Heute ist Nikolaustag. Und auch wenn Stanislaus keine Ahnung hat, was das bedeutet, spürt er die Aufregung. Niklas und Anika reden von nichts anderem, als sie nach der Schule im Stall stehen.

„Ob er ins Haus kommt?", fragt Anika.

Niklas schüttelt den Kopf. „Mama hat gesagt, dass wir unsere Stiefel putzen sollen. Der Nikolaus wird sein Sackerl vor die Tür stellen, wie jedes Jahr."

„Schade", seufzt Anika. „Ich hätte ihn gern gesehen."

Und ich erst, denkt Stanislaus. Wer immer dieser Nikolaus ist, er hat etwas mit Weihnachten zu tun. Weihnachten muss etwas Wunderbares sein, wenn die Menschen so viele schöne Dinge in seinem Namen tun.

Wie gut, dass Stanislaus die Kinder belauscht hat. Nun weiß er, was zu tun ist. Abends braucht er sich nur auf die Lauer zu legen. Und wenn der Nikolaus kommt, wird er ihm bestimmt mehr über Weihnachten verraten.

„Das kriege ich hin", trällert Stanislaus, als die Kinder den Stall verlassen haben.

„Was denn?", will Fee wissen.

„Na, herausfinden, was Weihnachten ist", antwortet er.

„Warum interessiert dich das?", wundert sich Lucky.

„Weihnachten ist eine Menschensache, du hingegen bist ein Pony."

„Aber kein gewöhnliches", murmelt Fee nachdenklich.

„Vielleicht hat das ja etwas damit zu tun, woher du kommst."

Erstaunt reißt Stanislaus die Ponyaugen auf. „Meinst du?"

„Ich weiß auch nicht", antwortet sie. „Aber gemeinsam finden wir

es vielleicht heraus. Dazu sind Ponyfreunde da."

„Ja", schnaubt Lucky. „Wir kommen mit."

Zum Glück wird es draußen schnell dunkel. Leise schleichen

 die drei Ponys über den Hof. Hinter der leuchtenden Tanne

verstecken sie sich. Lange Zeit passiert nichts. Die Stiefel der

Kinder stehen auf den Stufen vor der Hoftür.

„Ganz schön langweilig", schnaubt Lucky nach einer Weile und

beginnt an der Tanne zu knabbern.

„Hör auf", warnt Fee. „Sonst sehen die Menschen, dass wir hier waren."

„Aber ich habe Hunger", grummelt er.

„Ich auch", gibt Fee zu.

„Geht ruhig in den Stall", meint Stanislaus. „Ich komme gleich

nach."

 Die beiden trippeln davon, und um Stanislaus wird es still.

Nur die beleuchtete Tanne leistet ihm Gesellschaft. Da huscht

auf einmal eine Gestalt über den Hof.

„Das muss der Nikolaus sein", denkt Stanislaus aufgeregt. Doch

es ist zu dunkel, um etwas zu erkennen. Ihm bleibt nichts anderes

übrig, als der Gestalt zu folgen, die nun wieder schnurstracks

zurück in den Wald huscht.

Auf leisen Hufen trabt Stanislaus hinterher. Ein Glück, dass er so klein ist. Der Nikolaus bemerkt ihn gar nicht. Und dann hat er gleich noch mal Glück, als sich der Mond hinter einer Wolke hervorschiebt und Licht auf die Gestalt wirft.

„Zauberzimt und Zuckerzacken!", ruft Stanislaus, als er das Zottelwesen erblickt. „Du bist der Nikolaus? Dich habe ich mir ganz anders vorgestellt." Nicht so wild, fügt er in Gedanken hinzu.

„A geh", grinst das Zottelwesen verlegen. „I bin nur da Kramplzahn. I hüf dem Nikolaus. Drum hab i grod den Kindan de Sackln brocht. Weil da Nikolaus gsogt hat, dass de voi liab san. Von denen brauch i mi net fürchtn."

Stanislaus blickt neugierig zum Waldrand. „Ist der Nikolaus denn auch hier?"

Kramplzahn schüttelt den Zottelkopf. „Na, er bringt grod den Kindan im Tal untn de Sackln. Zu zweit san ma schnella, hot er gmant."

„Ach so", murmelt Stanislaus und spürt einen leisen Stich im Ponyherzen.

Er will schon fragen, ob er Kramplzahn ein Stück begleiten darf, da sagt dieser: „Du, i muass weita. Wann i mei Arbeit heit guad moch, kriag i an Haufn Lebkuacha. Den iss i doch so gern."

„Ich auch", schnieft Stanislaus überrascht. Doch das hört Kramplzahn nicht mehr. Er ist schon wieder hinter den Bäumen verschwunden.

7. Dezember

Heimweh

Verwundert blinzelt die Katze, als sie wie jeden Morgen aus dem
Heulager spaziert, um etwas Milch abzustauben. Gleich kommt
die Bäuerin die Schafe melken, und frische, warme Schafsmilch,
die liebt die Katze am allermeisten. Sonst fressen die Stalltiere
um diese Zeit gerne ihr Morgenheu. Was ihr nur recht ist,
denn so kann sie in aller Ruhe herumflanieren, ohne von den
Schafkindern gestört zu werden.

Die Lämmer stecken ihre neugierigen Wollnasen nämlich überall
gern hinein. Auch jetzt drängen sie sich dicht um Stanislaus.

„Was hat es denn?", will eines der Schafkinder wissen. „Ist das
Riesenschaf krank?"

„Das ist kein Schaf", erklärt die Schafmutter und blickt besorgt
auf Stanislaus, der im Stroh liegt und keinen Mucks von sich gibt.

„Es ist ein Pony, auch wenn sein Fell so weiß ist wie deines."

„Ach so", blökt das Schafkind. „Aber warum frisst es nicht?"

„Wenn ich das wüsste", murmelt die Schafmutter und sieht Fee
und Lucky fragend an.

„Wir konnten ihn auch nicht dazu bewegen", erklären sie.

„Lasst mich mal", miaut die Katze und stolziert in die Mitte.
Prüfend blickt sie auf Stanislaus, ehe sie sagt: „Das Pony ist
traurig."

„Echt?", rufen die Schafkinder und sehen die Katze ehrfürchtig an, was ihr gut gefällt, auch wenn sie das niemals zugeben würde. „Wieso denn?"

„Das ist es ja", rückt Stanislaus endlich damit heraus. „Ihr seid alle so freundlich zu mir. Auf dem Brombeerhof ist es wirklich schön. Und trotzdem …"

„Jaja", sagt die Katze wissend, weil sie schon viel von der Welt gesehen hat. „Dir fehlt halt etwas."

Die wollknäueligen Schafkinder sehen Stanislaus verdutzt an. „Was denn?"

„Ich weiß es nicht", nuschelt er verlegen. „Aber ich glaube, es hat etwas mit Weihnachten zu tun. Wenn ich nur mehr darüber wüsste!"

„Weihnachten ist nicht so einfach zu erklären", meint die Katze, „aber wenn du weitersuchst, wirst du bestimmt Antworten finden."

„Suchen?", blöken die Schafkinder. „Wie bei einer Schatzsuche?"

Da betritt die Bäuerin den Stall. Doch anstatt zur Melkmaschine zu gehen, marschiert die Mama von Niklas, Anika und Lukas schnurstracks auf Stanislaus zu. „Oje", murmelt sie, als sie ihn im Stroh liegen sieht. „Du hast wohl Heimweh." Tröstend streicht sie ihm über die Mähne.

Erstaunt hebt Stanislaus den Kopf. Das ist es! Er hat Heimweh, obwohl er gar nicht weiß, wo er zuhause ist. Aber genauso fühlt sich das Zwacken in seinem Bauch an. Ja!, würde er am liebsten

laut rufen, aber weil er nicht mit den Menschen sprechen soll, nickt er nur.

Das scheint die Menschenmama jedoch nicht zu bemerken. Sie sagt stattdessen: „Weißt du, wir haben dich längst in unser Herz geschlossen. Aber das heißt noch lange nicht, dass wir dich einfach so behalten dürfen. Dein Besitzer wird dich sicher schon schrecklich vermissen und du ihn bestimmt auch. Am besten ist also, du begleitest uns auf den Weihnachtsmarkt. Ich muss ohnehin neue Sachen hinunterbringen. Vielleicht erkennt dich dort jemand."

Mit einem Mal ist die Traurigkeit wie weggeblasen. Stanislaus springt auf die Hufe. Auf einen Weihnachtsmarkt zu gehen, das klingt spannend. Gewiss wird er dort mehr über Weihnachten herausfinden.

8. Dezember
Auf dem Weihnachtsmarkt

Hell erleuchtet liegt das Städtchen vor ihnen, als Stanislaus neugierig darauf zutrippelt. Anika und Niklas begleiten ihn. Auch die Mutter geht mit. Nur der kleine Lukas ist bei Oma geblieben. Für ihn ist der Fußmarsch durch den Wald zu weit, und auf Stanislaus' Rücken ist dieses Mal kein Platz. Er trägt nämlich die Sachen ins Tal, die der Vater auf dem Weihnachtsmarkt verkaufen will: Schafwollsocken und Schafmilchseife. Kekse, die die Mutter gebacken hat, und natürlich jede Menge Brombeermarmelade, weil es die auf dem Brombeerhof reichlich gibt. Auch Lebkuchen ist dabei. Stanislaus hat seine Lieblingskekssorte sofort erschnuppert. Zum Glück ist er viel zu aufgeregt, um ans Naschen zu denken. Alles kribbelt in ihm, seit er die Lichter gesehen hat. Der Korb auf seinem Rücken fühlt sich so vertraut an, als hätte er den schon tausendmal getragen. Wenn sie erst auf dem Weihnachtsmarkt sind, wird er bestimmt noch mehr herausfinden, denkt Stanislaus und trabt guten Mutes auf das Städtchen zu. Anika und Niklas müssen sich beeilen, um mit ihm Schritt zu halten.

Bald haben sie die ersten Häuser erreicht. Auf dem Marktplatz ist alles stimmungsvoll beleuchtet. Die Häuser, die Bäume, die Marktstände, aus denen die herrlichsten Düfte strömen.

„Da seid ihr ja!" Der Papa von Anika, Niklas und Lukas winkt ihnen zu. „Unsere Sachen sind schon fast alle verkauft. Ich brauche dringend Nachschub."

Während die Kinder beim Einräumen helfen, nutzt Stanislaus die Gelegenheit, um sich umzuschauen. Schöne Sachen gibt es hier. Auch gutes Essen, und weiter hinten singt ein Chor. Kein Wunder, dass so viele Menschen auf den Weihnachtsmarkt gekommen sind. Sie alle stehen beisammen und unterhalten sich, viele haben ein Lächeln im Gesicht. Dazwischen tummeln sich die Kinder und spielen Fangen. Da erkennt Stanislaus, dass Weihnachten noch viel mehr sein muss, als Haus und Hof mit schönen Dingen zu schmücken. Die Gemeinschaft ist dabei ebenso wichtig, schließlich ist niemand gern allein. Auch er nicht, und deshalb kann Stanislaus nun gar nicht anders. Zu neugierig ist er. Leise trippelt er auf die Menschen zu. Solange er darauf achtet, sich wie ein normales Pony zu verhalten, wird schon nichts schiefgehen. Und wirklich. Niemand von den Erwachsenen scheint ihn zu beachten. So flitzt er zwischen Marktständen und Stehtischen hindurch, bis er schließlich doch bemerkt wird.

„Oh, bist du süß!", rufen die Kinder, als sie Stanislaus in der Menge entdecken. Jetzt wollen ihn alle streicheln, und das macht ihm überhaupt nichts aus. Im Gegenteil. Die Kinder so fröhlich zu sehen, macht auch ihn froh. Stanislaus lässt sich allerlei Späßchen für sie einfallen. Er tanzt auf der Stelle und zieht lustige Grimassen. Er kitzelt die Kinder mit den Nüstern und pustet warmen Heuatem in ihre Gesichter. Alles, was ein normales Pony sonst nicht tut. Stanislaus ist richtig in Fahrt, und so fällt ihm gar nicht auf, dass er sich – na ja, eben nicht besonders normal verhält. Hauptsache, die Kinder haben Spaß!

Mit einem Mal sieht er Anika in der Menge stehen. Sie macht große Augen. „Da bist du ja", murmelt sie. „Ich dachte schon, dein Besitzer hat dich mitgenommen."

Hoppla! Wollte er nicht mehr über Weihnachten herausfinden, und auch, wo sein Zuhause ist? Jetzt fällt es Stanislaus wieder ein: Zumindest weiß er nun, dass er Kinder gerne fröhlich sieht. Und nicht so betrübt, wie Anika eben dreinschaut.

Als die beiden zum Marktstand zurückgehen, gesteht sie ihm: „Ich habe schon geglaubt, ich sehe dich nie wieder."

I-wo, denkt Stanislaus und kitzelt Anika. Als sie daraufhin glockenhell lacht, grinst Stanislaus unter seiner Wuschelmähne. Denn ihm ist noch etwas Wichtiges eingefallen: Kinder zum Lachen zu bringen, das tut er nicht nur gern, das kann er auch richtig gut. Und gute Laune kann niemals schaden, bestimmt auch zu Weihnachten nicht.

9. Dezember
Sternenlicht und Funkelfell

„Glaub mir, ich hab's gesehen", flüstert Anika, als sie nach dem Weihnachtsmarktbesuch nach Hause gehen. Mama geht vorneweg, sie kann nicht hören, was Anika sagt. Mama würde ohnehin behaupten, dass sie bloß eine rege Fantasie hat, dabei ist Anika sich mittlerweile sicher. Stanislaus hat ein Geheimnis. Er ist so anders als Fee und Lucky.

Doch auch ihr Bruder schüttelt den Kopf. „Das bildest du dir ein", sagt Niklas und marschiert weiter. „Stanislaus ist nicht vom Himmel gefallen, und tanzen kann er schon gar nicht."

„Dann frag die Kinder vom Weihnachtsmarkt", fordert Anika ihn auf. „Dein Freund Julian war auch dabei. Er wird dir bestimmt dasselbe erzählen."

„Wirklich?" Kurz scheint Niklas einzuknicken, dann jedoch schnauft er: „Blödsinn! So etwas gibt es nicht."

„Vielleicht ja doch", beharrt Anika. „Überleg mal, bald ist Weihnachten!" Mit leuchtenden Augen blickt sie zu ihrem Bruder. Obwohl es um sie herum zappenduster ist, merkt sie im Schein ihrer Taschenlampe dennoch, dass Niklas mit den Augen rollt. „Und was war dann mit seinem Namen?", legt Anika nach. „Da warst du selbst dabei."

„Kopfnicken bei einem Pony bedeutet noch lange nicht, dass es die Menschensprache kann", brummt er und stapft davon.

Anika bleibt mit Stanislaus zurück. Munter trabt er den Hang zum Brombeerhof hinauf und tut so, als hätte er eben kein Wort verstanden. Vielleicht hat er es auf dem Weihnachtsmarkt mit seinen Späßchen etwas übertrieben. Auch wenn er Anika zu gern die Wahrheit sagen würde, hat Fee wohl recht. Es ist besser, er verrät niemandem, dass er anders ist. Wer weiß, ob die Menschen das überhaupt verstehen würden. Die Erwachsenen vermutlich nicht. Die haben ihn auf dem Weihnachtsmarkt nicht einmal bemerkt. Die Kinder hingegen … sie sehen immer alles, vielleicht würden sie es auch verstehen. Nur was, wenn nicht? Nachdenklich geht Stanislaus weiter. Endlich erreichen sie die Anhöhe und lassen den Wald hinter sich, sodass der Nachthimmel frei vor ihnen liegt. Millionen Glitzersterne leuchten ihnen entgegen, und das sieht wunderschön aus. Ehrfürchtig bleiben Stanislaus und Anika stehen und bestaunen das Sternenmeer.

Als Stanislaus in den Himmel blickt, fühlt er sich plötzlich ganz seltsam. Es ist, als ob die Sterne ihm etwas sagen wollten …

„Oje!", murmelt Anika und reißt Stanislaus aus seinen Kuddelmuddelgedanken. „Mama und Niklas sind längst weitergegangen. Jetzt sind wir allein hier, und es ist so finster." Hastig greift sie in seine Mähne. „Lass mich bloß nicht allein." Nie und nimmer, würde Stanislaus am liebsten antworten. Doch er nickt nur, auch wenn er das im Grunde ebenfalls nicht tun sollte.

Aber er spürt Anikas Unbehagen so deutlich, dass er nicht anders kann.

Tja, und dann geschieht noch etwas. Stanislaus kann es selbst kaum glauben. Einfach so fängt sein Fell urplötzlich zu funkeln an, als wäre er in einen Topf Sternenstaub geplumpst. Milchiges Licht breitet sich um ihn herum aus, und es ist gar nicht mehr finster.

Staunend reißt Anika die Augen auf. „Ich hab's gewusst", haucht sie. „Du bist ein besonderes Pony, und wunderschön obendrein." Sie streichelt Stanislaus' Funkelfell. Herrjemine, denkt Stanislaus und fühlt sich ertappt. Ich bekomme bestimmt Ärger!

Auch Anika scheint sein Unbehagen zu spüren.

„Keine Sorge", sagt sie schnell. „Ich werde niemandem etwas davon verraten, das würde mir ohnehin keiner glauben. Dein Geheimnis ist bei mir sicher!"

10. Dezember
Der Rat der Tiere

Es ist Nacht und Stanislaus liegt in seinem Strohbett, das wunderbar nach Sommer riecht. Die Tiere im Stall schlafen längst. Bis auf die Katze, die schleicht nachts gerne umher. Als sie näherkommt und sieht, dass Stanislaus ebenfalls wach ist, miaut sie verdutzt: „Bist du nicht müde?"

„Doch", flüstert Stanislaus, um die anderen nicht zu wecken. „Aber ich muss die ganze Zeit an das denken, was mit meinem Fell passiert ist", und rasch erzählt er der Katze, wie es für Anika zu leuchten begonnen hat, vielleicht weiß sie ja Rat.

Doch die Augen der Katze blinzeln ratlos in der Dunkelheit. „Womöglich weiß die Eule Bescheid. Ich frage sie gleich, sie schläft um diese Zeit auch nicht." Lautlos huscht die Katze davon und kommt kurze Zeit später mit der Eule wieder.

„Schuhu", macht die Eule. „Du kannst leuchten? Zeig mal!"

Kurz weiß Stanislaus nicht, wie er das anstellen soll. Das letzte Mal ist es einfach von selbst passiert. Aber nach einiger Anstrengung gelingt es ihm doch, und ein milchiges Licht breitet sich im Stall aus.

„Schuhu", ruft die Eule beeindruckt. „Wunderschön!"

Da quäkt eines der Schafkinder verschlafen: „Ist es schon morgen?" Es blinzelt rüber zu Stanislaus. Einen Moment lang guckt es ganz verdutzt, ehe es schreit: „Du funkelst!"

Jetzt sind auch alle anderen Tiere wach. Verblüfft starren sie Stanislaus an.

„Wie machst du das?", wollen Fee und Lucky wissen.

„Kannst wohl doch zaubern", blökt der Schafbock.

„I-wo", antwortet Stanislaus verlegen. „Ich bin einfach so. Wenn ich nur wüsste, wieso!"

„Ich weiß, was wir tun", sagt die Katze mit einem Mal und springt auf einen der Holzbalken, von dem eine alte, verrostete Kette baumelt. Als die Katze sie mit der Pfote anstupst, fängt die Kette zu klirren an, und kurz darauf hört man unzähliges Tapsen, Krabbeln, Huschen und Kriechen aus allen Ecken des Stalls. Im Schein seines Funkelfells sieht Stanislaus unzählige Tiere auf sich zukommen. Da sind Spinnen und Mäuse. Ein Eichhörnchen lugt vom Dachboden, die Hühner blinzeln aus ihren Nestern. Sogar die alte Ziege, die sonst immer ihre Ruhe haben will, trottet näher. „Musst du ausgerechnet mitten in der Nacht den Rat der Tiere einberufen? Hätte das nicht bis morgen Früh warten können?", meckert sie vorwurfsvoll.

„Auf keinen Fall", sagt die Katze und springt vom Balken. „Sieh selbst!" Als die Ziege Stanislaus' leuchtendes Fell erblickt, rutscht ihr ein überraschtes: „Määäh, wie scheeen!" heraus.

Dann erzählt Stanislaus von seinem Dilemma und alle Tiere hören ihm zu, doch niemand hat eine Ahnung, wieso er Dinge kann, die sie selbst nicht können.

„Menschensprache und Tore öffnen. Leuchten wie ein heller Stern und sich ganz klein machen, sodass man von niemandem bemerkt wird", fasst die Ziege zusammen und schüttelt ihre majestätischen Hörner. „Ist das alles, was du kannst?"

„Bisher schon", nuschelt Stanislaus ausweichend, weil er das Gefühl hat, dass das längst nicht alles ist. Aber das sagt er besser nicht, stattdessen fragt er: „Ob das etwas mit Weihnachten zu tun hat?"

„Zu Weihnachten ist vieles möglich", meckert die alte Ziege. „Das habe ich viele Winter hindurch erlebt. Weihnachten ist eine besondere Zeit. Deshalb feiern die Menschen dieses Fest auch so gerne."

„Weihnachten ist ein Fest?", ruft Stanislaus neugierig. „Was feiern die Menschen denn?"

„Dies und das", antwortet die Ziege zögernd. Sie hält einen Moment lang inne, ehe sie Stanislaus abwägend ansieht. „Aber warum fragst du sie nicht selber, wenn du schon mit ihnen sprechen kannst?"

„Die Menschen?", japst Fee erschrocken.

„Die Kinder", meckert die Ziege und nickt zu den bunten Tüten hinüber, die an der Stallwand hängen. „Sie lieben Weihnachten am allermeisten. Sie werden dir mit Sicherheit weiterhelfen."

11. Dezember
Keksduft liegt in der Luft

Am nächsten Tag scheint die Wintersonne kräftig, sodass auch die Schafkinder mit auf die Weide dürfen. Munter toben sie zwischen ihrer Herde über die Wiese, während Stanislaus, Fee und Lucky die Sonnenstrahlen genießen.

Plötzlich weht ein herrlicher Duft zu ihnen herüber. „Riecht ihr das?", ruft Stanislaus aufgeregt. „Das riecht nach Weihnachten!" Die Schafkinder hören ihm gar nicht zu. Viel zu sehr sind sie mit Spielen beschäftigt. Auch Fee und Lucky lassen sich nicht stören, sie dösen schläfrig weiter. Schließlich macht Lucky doch ein Auge auf und schnaubt: „Keksbrree, Menschbrrren." Mehr ist aus ihm nicht herauszubekommen, dabei duftet es von Sekunde zu Sekunde besser. Stanislaus' Bauch grummelt ordentlich und er will wissen, was da so gut riecht.

Auf leisen Hufen schleicht er über die Wiese bis zum Hof.

Vor dem Haus steigen ihm Zimt und Honig in die Nase und neugierig lugt Stanislaus durchs Fenster, von wo der Duft zu kommen scheint.

Da sieht er, wie Anika, Niklas und Lukas mit ihrer Mutter in der Küche Kekse backen. Aber nicht irgendwelche Kekse, sondern Lebkuchen! Stanislaus läuft das Wasser im Maul zusammen, so gut sehen sie aus. Sehnsüchtig presst er die Nüstern gegen die Scheibe.

Da entdeckt ihn Anika, und lachend kommt sie aus dem Haus gerannt.

„Was tust du denn hier?", ruft sie. „Willst du uns beim Keksebacken helfen?"

Eher beim Keksenaschen, kichert Stanislaus in Gedanken und zwinkert Anika zu, in der Hoffnung, dass sie ihn versteht. Und wirklich öffnet sie im nächsten Augenblick die Hand und hält ihm einen Lebkuchen hin. „Für dich!", sagt sie feierlich, als wüsste sie längst Bescheid, wie gerne er Lebkuchen mag – und was für ein besonderes Pony er ist. Hat die Ziege also recht?, denkt Stanislaus verblüfft. Soll er es wirklich wagen mit Anika zu sprechen? Falls ja, ist vorher der Lebkuchen dran, als Stärkung sozusagen. Voller Vorfreude will er in den Keks beißen, da kommt auch Niklas heraus.

„Kekse sind total ungesund für Ponys", ruft er streng. „Du darfst ihm keinen Lebkuchen geben. Davon kriegt Stanislaus Bauchweh!"

Bauchweh? Von Lebkuchen? Am liebsten hätte Stanislaus laut losgewiehert vor Lachen. Immer wenn er Bauchweh hat, hilft Lebkuchen total gut. Er ist nun mal ein besonderes Pony, und pfiffig allemal. Deshalb schnappt Stanislaus sich blitzschnell den Keks, ehe Niklas auf die Idee kommt, ihm den noch vor der Nase wegzuschnappen. Schnapp! Mm, lööööcker!!!

„Jetzt hat er ihn doch erwischt", schimpft Niklas. „Wenn Stanislaus krank wird, dann ist das deine Schuld."

Auf einmal wird seine Schwester blass um die Nase. „Ich will aber nicht, dass er krank wird."

„Das hättest du dir vorher überlegen müssen", sagt Niklas wütend. „Wie kommst du überhaupt auf die Idee?! Deiner Fee gibst du doch auch keine Kekse."

„Weil Stanislaus ja auch kein normales Pony ist", murmelt Anika kleinlaut und senkt den Kopf.

Niklas stöhnt. „Fängst du schon wieder damit an. Wie oft soll ich es dir denn noch sagen, er ist kein Zauberpony!"

Da hält Stanislaus es nicht mehr aus. Nicht nur, weil er es nicht ausstehen kann, wenn die beiden sich streiten. Es ist auch so, dass Anika recht hat, und dennoch behält sie sein Geheimnis für sich. Höchste Zeit also, auch Anika beizustehen!

Stanislaus trippelt auf Niklas zu, sieht ihm dabei fest in die Augen und nuschelt: „Du, Niklas! Krieg jetzt bloß keinen Schreck, aber von Lebkuchen bekomme ich nie Bauchweh. Den fresse ich für mein Leben gern."

Einen Moment lang starrt Niklas Stanislaus ungläubig an, ehe er stottert: „Ha-a-ast du da-a-a-as gehört? Das Pony sp-p-p-richt!"

Auch Anika staunt. Dann jedoch fängt sie zu lachen an und ruft: „Glaubst du mir jetzt?!"

12. Dezember
Brief ans Christkind

„Schnell, in unser Geheimlager", flüstern die Kinder
verschwörerisch. Dass Niklas und Anika auf dem Brombeerhof
ein Geheimversteck haben, hat Stanislaus bisher nicht gewusst.
Umso neugieriger ist er, als er mit ihnen hinter die Scheune
huscht. Stanislaus folgt den beiden und gemeinsam schlängeln sie
sich durch viele Futterballen, bis sie an eine freie Stelle gelangen,
die so groß wie ein Zimmer ist. Die Heuballen, die die Kinder
hereingeschleppt haben, sind zu einem Sofa aufgestapelt. Sogar
eine Keksdose steht da.

„Voll gemütlich", kichert Stanislaus und lässt sich zu Anika
und Niklas aufs Heusofa plumpsen. Die Kinder sehen ihn
erwartungsvoll an. Dass Stanislaus sprechen kann, ist ja so was
von unglaublich! Sie wollen alles ganz genau wissen.

Doch Stanislaus fällt auf, dass es gar nicht so viel zu erzählen gibt.
Denn entweder waren Anika und Niklas dabei – oder er kann
sich schlichtweg nicht erinnern.

„Deshalb brauche ich ja auch eure Hilfe", erklärt er und linst
unter seiner Wuschelmähne hervor. „Meint ihr, das alles hat
etwas mit Weihnachten zu tun?"

„Auf jeden Fall", sagt Anika und strahlt wie ein Christbaum.
„Du kommst vermutlich aus dem Himmel, deshalb kannst du

so viele Dinge." Sie öffnet die Keksdose und reicht Stanislaus wie selbstverständlich einen Lebkuchen.

Niklas raunt: „Wenn du vom Himmel kommst, kennst du dann das Christkind?"

Ui, bei dem Wort kribbeln Stanislaus' Hufe aber ordentlich.

„Wer ist das?", fragt er mit vollem Maul.

„Du kennst das Christkind nicht?", staunt Anika verblüfft. „Es ist der Grund, warum wir Weihnachten feiern."

„Jedes Jahr am 24. Dezember kommt es am Heiligen Abend und bringt uns Geschenke", fügt Niklas hinzu.

„Wie denn?", will Stanislaus neugierig wissen.

Die Kinder zucken mit den Schultern. „Das ist ja das große Geheimnis! Niemand hat das Christkind je gesehen, und trotzdem liegen am Heiligen Abend immer viele Geschenke unter dem Weihnachtsbaum."

„Aber wenn ihr es noch nie gesehen habt, wie weiß das Christkind, was ihr euch zu Weihnachten wünscht?", wundert sich Stanislaus.

„Das Christkind weiß so etwas", antwortet Anika. „Das kann viele Dinge, viel mehr als du."

„Und außerdem schreiben wir ihm einen Wunschzettel", meint Niklas und hält plötzlich inne. „Das ist es! Wir schreiben einen Brief ans Christkind!"

Anika ist von der Idee hellauf begeistert. Flugs holt sie Stift und Papier, das sie in einer Kiste neben dem Heusofa gebunkert hat, und beginnt zu schreiben. Mittendrin jedoch hört sie auf und murmelt: „Aber dann muss Stanislaus ja weg von hier."

„Wir wissen doch noch gar nicht, ob es klappt", versucht Niklas seine Schwester zu beruhigen.

„Stimmt." Anika nickt. „Wer weiß, ob das Christkind den Brief überhaupt liest. Die Wunschzettel hat es längst eingesammelt. Schließlich ist heute schon der zwölfte Dezember."

„Dann sollten wir besser dazuschreiben, dass wir uns außerdem Schnee wünschen", grinst Niklas schlau. „Wenn es bald zu schneien beginnt, wissen wir, dass das Christkind den Brief bekommen hat. Dann wird es sich um Stanislaus kümmern und er kommt wieder nach Hause."

„Aber wie?", murmelt Stanislaus verunsichert. „Der Himmel ist schließlich total weit oben!"

Doch darauf wissen Anika und Niklas auch keine Antwort.

Liebes Christkind,
kann es sein, dass du jemanden im Himmel vermisst? Bei uns auf dem Brombeerhof ist Stanislaus gelandet. Er ist schneeweiß und kann viele Dinge. Aber leider erinnert er sich an nichts, außer, dass er gerne Lebkuchen mag. Falls er dein Helfer ist, wäre es gut, wenn du ihn abholen kommst, obwohl wir ihn dann schrecklich vermissen. Aber du vermisst ihn bestimmt auch.

Deine Anika und dein Niklas

PS: Kannst du es bitte als Zeichen schneien lassen? So wissen wir, dass du den Brief bekommen hast. DANKE!

13. Dezember
Engel Benedikt weiß Rat

Der Nikolaus sitzt in seinem Ohrensessel und starrt ins Kaminfeuer. „Stanislaus ist immer noch nicht da", jammert er. Engel Benedikt seufzt. Das Christkind hat ihn heute extra zum Nikolaus geschickt, mit einer großen Ladung Lebkuchenkekse aus der Himmelswerkstatt. In der Hoffnung, dass die Köstlichkeit den Nikolaus aufheitert, doch das Gegenteil ist der Fall.

Als Engel Benedikt ihm die Lebkuchendose gibt, fängt der fromme Mann zu schniefen an: „Wenn Stanislaus hier wäre, würde er sie im Nu verputzen."

Oje, denkt Engel Benedikt. Der Nikolaus ist wirklich ganz schön neben der Spur. So trübselig kennt er den weißbärtigen Mann gar nicht. Sonst sieht man ihn und Stanislaus immer gut gelaunt über die Wolkenwiesen spazieren.

Kein Wunder, dass der Nikolaus seinen treuen Helfer so vermisst. Das kleine Christkindpony strotzt eben nur so vor Lebensfreude und guten Ideen!

Da wird es dem Engel mulmig zumute. Bald ist Weihnachten. Und auch, wenn das Christkind die Geschenke mit dem Schlitten und den zwölf Weihnachtspferden ohne Stanislaus zur Erde bringen kann, ist es mit ihm doch viel lustiger.

Hat der kleine Wirbelwind nicht einmal Christkind gespielt,

weil ein paar Kinder es sich sehnsüchtig gewünscht hatten, das Christkind endlich zu Gesicht zu bekommen?

Und das Weihnachten davor? Da hat Stanislaus die Geschenke vertauscht, damit die Kinder eine Überraschung unter dem Christbaum erleben.

„Ja", seufzt jetzt auch der Engel. „Es ist Zeit, dass Stanislaus nach Hause kommt."

„Nur wie?", murmelt der Nikolaus. „Die Weihnachtspferde haben erzählt, dass man alles rund um Weihnachten vergisst, wenn der Wintersturm einen durchschüttelt, bis die Knochen davon klappern. Bestimmt ist das mit Stanislaus passiert. Sonst wäre er längst wieder hier. Er liebt diese Zeit im Jahr!"

„Dann müssen wir dafür sorgen, dass er sich wieder daran erinnert", schlägt Engel Benedikt vor.

„Das habe ich doch schon am Nikolausabend versucht", brummelt der Nikolaus. „Sogar einen Krampus habe ich mitgenommen, weil es die Weihnachtstradition der Menschen so will. Geholfen hat das aber nicht."

„Und was ist mit Schnee?", ruft der Engel plötzlich und klatscht die Flügel zusammen. „Wenn es im Advent schneit, ist das doch total weihnachtlich!"

„Ja, schon", gibt der Nikolaus zu. „Nur, wie willst du die Wettergeister davon überzeugen, dass sie es schneien lassen sollen? Beim Wettermachen kann man ihnen nicht dreinreden."

„Wir könnten das Christkind darum bitten", überlegt Benedikt.

„Aber das hat derzeit so viel um die Ohren. Es sitzt noch immer an dem Berg Wunschzetteln von diesem Jahr."

Der Nikolaus nickt. Er kennt das nur zu gut. Alle Kinder auf dieser Welt glücklich zu machen, das ist wirklich ganz schön viel Arbeit. „Dann sollten wir es besser nicht stören."

„Und wenn wir einfach den Wintersturm fragen?", meint Engel Benedikt. „Er ist schließlich schuld an dem Schlamassel."

„Na klar!" Begeistert springt der Nikolaus aus seinem Ohrensessel. „Der Wintersturm und die Wettergeister verbringen ohnehin die ganze Zeit zusammen. Er wird es schaffen, sie davon zu überzeugen, dass sie es auf der Erde schneien lassen sollen. Dann kommt die Erinnerung bei Stanislaus zurück und ich habe meinen Fellwuschel wieder, hurra!"

14. Dezember
Endlich Schnee!

Als Stanislaus an diesem Morgen den Kopf aus dem Stalltor steckt, staunt er nicht schlecht. Alles ist plötzlich weiß geworden und das sieht wunderschön aus. So, als ob der Brombeerhof wie ein Lebkuchenhaus mit einer dicken Zuckerschicht überzogen worden wäre.

Die kleinen Schafkinder hingegen finden den Schnee gar nicht toll. „Kalt", blöken sie empört, als sie ihre Wollnasen in die weiße Winterpracht stecken, und huschen schnell zurück ins Warme. Stanislaus grinst. Die Schafkinder wissen eben noch nicht, was man mit Schnee alles anstellen kann. Er schon, und deshalb saust er jetzt übermütig aus dem Stalltor und hüpft mit Karacho in den nächstbesten Schneeflockenberg. Patsch! Unzählige Eiskristalle wirbeln durch die kalte Morgenluft und von Stanislaus ist nichts mehr zu sehen, außer den vier Minihufen, die vergnügt in der Luft herumrudern. Genüsslich wälzt er sich im Schnee und schnaubt zufrieden, weil so ein Schneebad einfach herrlich ist.

Just in dem Moment geht die Hoftür auf und der Vater der Kinder tritt ins Freie.

„Verflixt", nuschelt Stanislaus und duckt sich schnell. Im Grunde dürfte er ja gar nicht hier sein, also hier draußen.

Zum Glück scheint der Papa von Niklas, Anika und Lukas ihn

nicht zu bemerken. Stanislaus ist mit seinem weißen Fell so gut getarnt, dass bloß zwei Augen aus dem Schneeberg blinzeln. „Seltsam", murmelt der Bauer, als er an Stanislaus vorübergeht. „Der Wetterbericht hat gar keinen Schnee angekündigt und trotzdem ist alles weiß. Verrücktes Wetter!" Er bleibt einen Moment lang stehen, ehe er zur Schneeschaufel greift und schmunzelnd dranhängt: „Aber die Kinder, die werden sich freuen!" Dann stapft er davon.

Und wirklich! Kurze Zeit später hört man Jubelschreie bis nach draußen. In dicken Overalls kommen Anika und Niklas aus dem Haus gerannt. Doch im Gegensatz zu ihrem Vater sehen sie Stanislaus sofort. „Was tust du denn da?", rufen sie vor dem weißen Berg mit Glupschaugen.

„Ein Schneebad nehmen", grinst Stanislaus und schüttelt sich, bis die Kinder selbst voll mit Schnee sind. „Jetzt habt ihr auch eines genommen!"

Die Kinder lachen, ehe sie mit ihm um die Ecke huschen, wo sie in Ruhe reden können.

„Es hat geklappt", zischt Niklas sofort. „Das Christkind hat den Brief bekommen. Der Schnee ist der Beweis!"

„Oh!", macht Stanislaus. Vor lauter Schnee-Aufregung hat er heute Morgen noch nicht dran gedacht. Er blickt zum Himmel, während Schneeflocken auf ihn herabrieseln. „Dann bin ich wirklich ein Himmelspony?"

„Ist das nicht aufregend?!", raunt Niklas.

Stanislaus zögert. „Wenn ich mich dran erinnern könnte, dann bestimmt."

„Gehst du jetzt fort von hier?", fragt Anika leise.

„Wie denn?", nuschelt Stanislaus. „Ich weiß ja nicht mal, wie. Bis jetzt sind mir keine Flügel gewachsen, und solange das nicht passiert, werde ich hierbleiben. Wie soll ich sonst in den Himmel kommen?"

Da nicken Anika und Niklas erleichtert. Auch wenn ihnen klar ist, dass Stanislaus irgendwann fortmuss, wollen sie nicht, dass es auf der Stelle passiert. Dafür haben sie ihn viel zu sehr in ihr Herz geschlossen. „Und jetzt?", murmeln sie.

„Na, was wohl", quietscht Stanislaus übermütig, als er in die sorgenvollen Gesichter der Kinder blickt. Mit seinem Hinterhuf schubst er eine Ladung Schnee in ihre Richtung.

„Was man am ersten Schneetag des Jahres immer macht. Eine Schneeballschlacht, trallalawieha!"

Das lassen sich Anika und Niklas nicht zweimal sagen, schon sausen die ersten Schneebälle durch die Luft.

15. Dezember
Apfelpunsch

„Kinder, kommt ihr bitte rein!", ruft Mama aus dem offenen
Küchenfenster.

Niklas, Anika und Lukas bauen einen großen Schneemann vor
dem Haus. Mama hat ihnen dafür einen alten Topf gegeben, der
dem Schneemann als Hut dient. Zwei Steine sind seine Augen
und eine Karotte dient als Nase. Nur die Hände fehlen noch.
Niklas formt sie gerade aus Schnee, als er ruft: „Wir wollen noch
nicht. Es ist viel zu schön hier draußen!"

Mama lässt den Blick über den Hof schweifen. Am Waldrand
ist der Dezembermond am Abendhimmel aufgegangen und
die Sterne glitzern mit dem frischen Schnee um die Wette.
Träumerisch seufzt sie auf. „Ihr habt recht! Einen so schönen
Winterabend sollten wir genießen, und ich weiß auch schon
wie." Sie zwinkert ihren Kindern verschwörerisch zu und schließt
das Fenster. Dann sieht man Mama eine Zeit lang in der Küche
herumhantieren, während Niklas, Anika und Lukas sich wieder
dem Schneemann widmen.

Erst, als ein herrlicher Duft zu ihnen herüberweht, halten sie inne.
Mama ist mit einer Kanne heißem Apfelpunsch herausgekommen
und gießt für jeden einen Becher voll ein. Auch die Kerzen in
den Laternen, die überall auf dem Hof stehen, hat sie angezündet.

Gemeinsam mit der beleuchteten Tanne lassen sie den Schnee erstrahlen. Wie schön das aussieht!

„Jetzt ist wirklich bald Weihnachten", sagt Mama lächelnd und stimmt ein Lied an. *Leise rieselt der Schnee, still und starr ruht der See, weihnachtlich glänzet der Wald. Freue dich, 's Christkind kommt bald!*

Von dem Gesang neugierig geworden, steckt Stanislaus den Kopf aus dem Stalltor.

„Was ist denn da los?", ruft er erstaunt. Überall brennen Kerzen, die Tanne leuchtet. Ein Schneemann grinst gut gelaunt und dazu das schöne Weihnachtslied der Menschen. Ganz wundersam wird Stanislaus davon zumute. Und was ist das nur, was da so gut riecht? Noch viel besser als Lebkuchen! Seine Hufe kribbeln, sein Bauch blubbert, und in seinem Kopf dreht sich alles wild, als würde der Wintersturm ihn durchschütteln. Und wirklich! Plötzlich sausen bunte Bilder durch Stanislaus' Kopf – von einem netten Mann mit Bart, von weißen Pferden, die auf Wolkenwiesen grasen.

„Ich glaube, ich fange an mich zu erinnern", murmelt er verdutzt.

„Das muss ich den Kindern erzählen!" Aufgeregt trippelt er aus dem Stall. Da sieht er, dass Niklas, Anika und Lukas mit Mama soeben ins Haus gegangen sind.

„Ist ja auch schon spät", murmelt er und tapst im Schein der Kerzen zum Schneemann.

Vielleicht hat er Glück und die Kinder sehen ihn vom Fenster aus. Geduldig wartet Stanislaus, doch nichts geschieht.

Nach einiger Zeit sagt er zum Schneemann: „Du hast aber eine schöne Nase!", und kichernd zwackt er sich ein Stück von der Karotte ab. Da sieht er den fast leeren Becher im Schnee stehen, den die Kinder vergessen haben. Als Stanislaus daran schnuppert, steigt ihm erneut der besondere Duft in die Nüstern.

„Ist das etwa Apfelpunsch?", quietscht er verdutzt. Begierig leckt er die Reste aus dem Becher, und mit jedem Schleck scheint ein Stück seiner Erinnerung zurückzukommen.

„Zauberzimt und Zuckerzacken!", wiehert er, als ihm alles wieder einfällt, denn schließlich hat es ja auch mit Apfelpunsch angefangen! „Ich wohne beim Nikolaus und dieses zottelige Waldwesen, das war ein Krampus. Den musste sich der Nikolaus ausleihen, weil ich nicht da war, der Arme." Er reckt den Kopf zum Himmel. „Und außerdem ist bald Weihnachten! Da helfe ich dem Christkind, weil ich auch fliegen kann. Nur …", Stanislaus hält inne. „Wenn ich jetzt verdufte, werden die Kinder ganz schön traurig sein. Und das ist dann gar nicht weihnachtlich, obwohl das doch eine meiner wichtigsten Aufgaben als Christkindpony ist. Oweia, was mache ich denn nur?"

16. Dezember

Traktor

Eigentlich hat Stanislaus geglaubt, dass alles wieder in Ordnung kommt, sobald er sich erinnert. Doch mit der Erinnerung ist auch das Wissen zurückgekehrt, dass das Christkind es nicht gutheißen wird, wenn er den Kindern vom Brombeerhof die Wahrheit sagt. Eine der obersten Weihnachtsregeln lautet nämlich, dass Weihnachten deshalb so zauberhaft ist, da diese besondere Zeit im Jahr viele schöne Geheimnisse birgt – und die dürfen auf keinen Fall verraten werden! Wie die Antwort auf die Frage, wie das Christkind in Wirklichkeit aussieht, wer ihm dabei hilft, die Geschenke zu basteln, und weshalb es ihm gelingt, an einem einzigen Abend alle Kinder auf dieser Welt gleichzeitig zu beschenken.

Stanislaus kennt die Antworten auf all diese Fragen, und mit Sicherheit würden auch Anika und Niklas sie wissen wollen. Dann würden sie zwar verstehen, warum er schleunigst zurück in den Himmel muss, doch zugleich würde Stanislaus damit auch gegen die Weihnachtsregel verstoßen.

„Verzwickte Sache", nuschelt er und sieht den Kindern dabei zu, wie sie auf der Ponywiese mit ihren Schlitten den Hang hinuntersausen.

Fee und Lucky, die an einem Baumstamm knabbern, sehen verdutzt auf. „Was denn?“, fragen sie.

Da verrät Stanislaus ihnen, dass er sich wieder erinnern kann, denn zum Glück sind Tiere von der Geheimhalte-Weihnachtsregel ausgenommen. Fee und Lucky staunen nicht schlecht, als er ihnen vom Himmel erzählt, vom Nikolaus und auch vom Christkind.

„Du bist aber ein besonderes Pony“, schnaubt Lucky beeindruckt. Und Fee sagt stolz: „Ich habe gleich gespürt, dass du etwas mit Weihnachten zu tun hast. Jetzt verstehe ich auch, warum die Menschen es so gerne feiern. Weihnachten ist wirklich schön!“ Stanislaus nickt. „Nur, wie soll ich das den Kindern erklären? Einfach verschwinden ist nicht besonders nett, aber die Wahrheit sagen kann ich auch nicht.“

Darauf wissen Fee und Lucky keine Antwort. „Noch ist ja etwas Zeit bis Weihnachten“, sagen sie. „Vielleicht fällt uns bis dahin etwas ein.“

„Dankö“, nuschelt Stanislaus gerührt, weil es schön ist, solche Ponyfreunde zu haben.

Da kommt der kleine Lukas auf sie zugestapft und strahlt Stanislaus mit leuchtenden Augen an. „Traktor!", ruft er und zeigt mit seiner Handschuhhand den Hang hoch.

Stanislaus weiß sofort, was der Kleine von ihm haben will. Lukas möchte, dass Stanislaus ihn mit seinem Schlitten den Berg hochzieht, damit er nicht selber hochlaufen muss.

„Ganz schön clever", schmunzelt Stanislaus und tut ihm den Gefallen. Er legt sich die Schlittenleine um den Hals, und als der kleine Lukas auf dem Schlitten Platz genommen hat, geht die Ponyliftfahrt auch schon los.

„Grumm-Brumm", schnaubt Stanislaus und zieht ihn munter den Hang hoch, während Lukas auf dem Schlitten vor Vergnügen jauchzt.

„Das wollen wir auch", rufen Anika und Niklas sofort.

Zum Glück sind Fee und Lucky da. Als Stanislaus ihnen in Ponysprache erklärt, dass sie es ihm gleichtun sollen, sind sie im Nu zur Stelle. Gemeinsam macht das Ponyschlittenfahren eben am meisten Spaß!

17. Dezember

wichtelspuren

Etwas scheint in der Winterluft zu liegen, je näher Weihnachten kommt. So aufgeregt hat Stanislaus Anika und Niklas noch nie erlebt. Sogar der kleine Lukas ist zappelig, obwohl er noch gar nicht richtig weiß, was am 24. Dezember Tolles geschehen wird. Doch die Vorfreude auf das bevorstehende Fest ist ansteckend – und obendrein scheint sich der Weihnachtszauber auf dem Hof auszubreiten. In allen Ecken ist er mittlerweile zu spüren, auch an diesem Morgen.

„Seht ihr das?", murmelt Niklas verblüfft, als er mit Anika und Stanislaus über den Hof geht, um auf den Schulbus zu warten.

„Da ist jemand durch den Schnee gestapft, mit ganz winzigen Schuhen."

Über Nacht hat es nämlich erneut geschneit, sodass der Hof noch unberührt daliegt, bis auf die eine Schneespur vor ihnen.

„Das muss Huckelpuck gewesen sein", ruft Anika begeistert.

„Wer ist Huckelpuck?", will Stanislaus wissen.

„Der Weihnachtswichtel, der hier wohnt", antwortet sie, als wäre es das Normalste der Welt. „Oma Hetti hat uns von ihm erzählt, sie kennt viele solcher Geschichten. Jedenfalls lebt Huckelpuck hier irgendwo versteckt in einem alten Mauseloch. Das ganze Jahr über schläft er, doch kurz vor Weihnachten wacht er auf und streut Weihnachtszauber in die Ecken des Hofs, damit alle Bewohner spüren, dass bald Weihnachten ist."

„Ach, deshalb fühlt sich alles plötzlich so kribbelig an", staunt Stanislaus. „Meint ihr, ich könnte ihn etwas fragen, wegen Weihnachten?"

„Wieso?", will Niklas sofort wissen. „Kannst du dich denn wieder erinnern?"

„I-wo", nuschelt Stanislaus und trippelt hastig zurück zum Stall, denn die Wahrheit über seine Aufgabe darf er nicht verraten. Doch das fühlt sich ganz schön komisch an, es den Kindern zu verschweigen. Hoffentlich weiß Huckelpuck Rat. Bloß, wo steckt der Weihnachtswichtel?

Neugierig sieht sich Stanislaus um. Da entdeckt er unter der Heubodentreppe tatsächlich ein kleines Loch. Mit einer hübschen roten Tür davor, die vor ein paar Tagen ganz sicher noch nicht da gewesen ist. Aber schließlich ist bald Weihnachten und deshalb klopft Stanislaus vorsichtig an die Wichteltür.

„Ist jemand zu Hause?", nuschelt er durchs Schlüsselloch.

Einen Moment lang rührt sich nichts, dann jedoch schwingt die Wichteltür auf und ein kleines Männchen im Pyjama schaut ihn verschlafen an.

„Weißt du, wie spät es ist? Es ist mitten am Tag", grummelt Huckelpuck. „Kein anständiger Weihnachtswichtel ist um diese Zeit wach. Dein Anliegen muss dringend sein – und wehe, wenn nicht!"

„Ist es auch", sagt Stanislaus schnell und erzählt dem Wichtel, wo der Huf drückt.

Doch Huckelpuck gähnt bloß. „Mir scheint, du kannst dich noch nicht an alles erinnern. Hast du vergessen, dass zu Weihnachten vieles möglich ist?!"

„Eigentlich nicht", antwortet Stanislaus.

„Dann zweifle nicht länger daran und warte auf das Zeichen."

„Welches Zeichen?", fragt das Pony verdutzt.

Doch anstatt zu antworten, greift Huckelpuck in seine Pyjamatasche und pustet Stanislaus etwas Glitzerndes in die Nüstern, das wunderbar nach Zimt und Apfelpunsch riecht und nach einer Brise Tannenreisig.

Überrascht atmet Stanislaus auf, und mit einem Mal fühlt er sich ganz leicht. Und plötzlich weiß er es tatsächlich wieder. Auch wenn er noch immer keine Ahnung hat, was er den Kindern sagen soll, ist Stanislaus sich zumindest in einem absolut sicher: Das Christkind ist überall, solange man es in sein Herz lässt, und deshalb wird schon alles gut werden, auch wenn er noch nicht weiß, wie.

18. Dezember

Nanu, wo kommt das denn her?

Heute ist Oma Hetti da. Denn Mama hilft Papa beim Verkaufen unten am Weihnachtsmarkt. Deshalb duftet das ganze Haus nach Palatschinken. Oma Hetti macht die besten der Welt.

„Und?", fragt sie, als Niklas, Anika und Lukas eine Palatschinke nach der anderen verdrücken. „Worauf habt ihr heute Lust? Wollen wir ein Spiel spielen?"

„Nein", schmatzen die Kinder.

„Wollt ihr Schlittenfahren gehen?"

„Waren wir schon", antworten sie.

„Mmh", macht Oma Hetti und überlegt. „Wollt ihr dann vielleicht eine Geschichte hören?"

„Jaaa!", rufen Anika und Niklas begeistert, weil niemand so toll erzählen kann wie ihre Oma. Auch der kleine Lukas klatscht in die Hände.

„Das trifft sich gut", sagt Oma Hetti und lacht. „Denn vorhin habe ich die Spur von Huckelpuck im Schnee gesehen, sie führte schnurstracks ins Haus."

„Hierher?", haucht Anika und sieht sich neugierig in der Küche um.

„Bestimmt wollte er Weihnachtszauber verstreuen", meint Niklas.

„Nicht nur das", sagt Oma Hetti verheißungsvoll und beginnt zu erzählen: „Als ich so alt war wie ihr, da habe ich mich

einmal mitten in der Nacht auf die Lauer gelegt. Ihr müsst wissen, dass Weihnachtswichtel nie bei Tage unterwegs sind, denn nur so haben sie ihre Ruhe. Und eigentlich sollte man Weihnachtswichtel auch nicht stören, aber ich war viel zu neugierig. Ich schlich mich also in die Stube und versteckte mich hinter dem Kachelofen. Zum Glück war die Katze da, sonst hätte ich mich im Finstern ganz schön gefürchtet. Ich musste nämlich lange warten, bis Huckelpuck kam."

„Wie sah er denn aus?", ruft Anika dazwischen.

Oma Hetti zwinkert ihr zu. „Wie man sich einen waschechten Weihnachtswichtel vorstellt. Er hatte einen weißen Lockenbart und trug einen roten Wams mit grüner Hose. In seiner Wichtelmütze steckte eine Zuckerstange, und als ich sie sah, hätte ich beinahe laut aufgeseufzt. Denn damals waren Naschereien sehr selten, und Zuckerstangen noch viel seltener. Aber ich hatte Glück", sagt Oma Hetti und senkt ihre Stimme: „Denn wisst ihr, was Huckelpuck mit der Zuckerstange gemacht hat?"

Die drei Kinder schütteln die Köpfe. „Was denn?"

„Er hat sie mir in den Adventkalender gesteckt. Denn das tun Weihnachtswichtel auch. Sie verstecken Dinge für die Kinder."

„Auch bei uns?", fragt Niklas.

„Seht doch einfach nach", schlägt Oma Hetti vor.

Aber das hätte sie gar nicht zu sagen brauchen. Anika und Niklas sind auch so schon losgerannt. Der kleine Lukas tapst ihnen hinterher.

„Da hängt ja wirklich ein Packerl!", ruft Anika verblüfft, als
sie vor ihrem Adventkalender stehen bleiben. Sofort reißen
die Kinder das Wichtelgeschenk auf. Drei bunte Wollmützen
kommen zum Vorschein, und drei Schals.

„Sind die für uns?", staunt Niklas. Doch als er sich eine Mütze
aufsetzt, wundert er sich. „Da sind ja zwei Löcher drin."

Anika lacht. „Weil die Mützen auch nicht für uns sind", sagt sie
und zeigt auf den Zettel, der mit drin im Päckchen war. „Für eure
Ponys, damit ihnen nicht kalt wird!"

„Nanu?" Niklas schüttelt verdutzt den Kopf. „Huckelpuck schenkt
Stanislaus, Fee und Lucky warme Sachen zum Anziehen?"

„Warum nicht?", schmunzelt Oma Hetti. „Vielleicht strickt
Huckelpuck ja gerne. Außerdem weiß er, wie lieb ihr eure Ponys
habt."

„Wie du", lacht Anika und zwinkert ihrer Oma zu, weil sie sie
soeben durchschaut hat. Aber das verrät Anika nicht, schließlich
ist sie keine Weihnachtsspielverderberin! Stattdessen kichert
sie: „Jetzt wissen wir zumindest, was wir tun! Wir gehen alle
gemeinsam zu den Ponys und ziehen ihnen die schönen neuen
Sachen an. Die werden Augen machen!"

19. Dezember
Stanislaus ist der Größte

„Wir sollten schön langsam zu üben anfangen", sagt Schneekönig und blickt hinüber zu den anderen elf Weihnachtspferden, die gemütlich auf der Wolkenwiese grasen. „Der Weihnachtsschlitten fliegt am Heiligen Abend nicht von allein!"

Doch die anderen Weihnachtspferde hören Schneekönig nicht zu. Viel zu gut schmecken die Schneerosenknospen, die hinter der Himmelswerkstatt auf der großen Wiese wachsen. Im Hintergrund sieht man durch die Bogenfenster der Himmelswerkstatt geschäftiges Treiben. Alle Engel arbeiten auf Hochtouren. Die Küchen-Engel backen bergeweise Christbaumanhänger. Die Motor-Engel setzen ferngesteuerte Autos zusammen. In der Kuscheltierabteilung sind die Engel damit beschäftigt, den Stofftieren Leben einzuhauchen, damit sie den Kindern in Zukunft gute Gefährten werden. Und in der Verpackungsabteilung ist das Chaos ausgebrochen: Riesige Türme von Weihnachtspackerln stapeln sich, während die Einpack-Engel Geschenk für Geschenk in Glitzerpapier hüllen und es mit bunten Bändern verzieren.

Nervös schnaubt Schneekönig bei dem Anblick. In ein paar Tagen ist es so weit, und Stanislaus ist immer noch nicht aufgetaucht. Eigentlich wollte er auf den Kleinen warten, doch schön langsam läuft ihnen die Zeit davon. „Wenn wir nicht sofort zu üben beginnen, kriegen wir ein echtes Problem", sagt er und galoppiert in die Mitte der Herde, damit die anderen ihm endlich zuhören. „Wir schaffen das ohne ihn, so wie früher auch. Wir sind schließlich die Weihnachtspferde, wir können so was!"

„Von mir aus", schnaubt Frau Holle und hebt den Kopf aus dem Schneerosenmeer. „Dann üben wird eben!"

Gemeinsam traben sie alle hinüber zum Himmelstall, wo der Weihnachtsschlitten schon aus der Garage geholt wurde. Da steht er in seiner ganzen Pracht und wartet darauf, von ihnen in die Lüfte gehoben zu werden.

„Alles nimmt seinen Platz ein", kommandiert Schneekönig.

Die Weihnachtspferde tun, was er sagt. Dann traben sie los … na ja, zumindest Schneekönig und Schneeweißchen ganz vorne. Der Rest der Pferde bleibt verdutzt stehen.

„Was habt ihr?", ruft Schneekönig nach hinten.

„Du hast das Zeichen vergessen", wiehern Eissturm und Frosty aus der Mitte.

„Welches Zeichen?", murmelt Schneekönig.

„Na, das Glöckchen, das Stanislaus immer läutet", antworten die anderen. „Damit wir wissen, wann wir gemeinsam lostraben sollen."

Da fällt es Schneekönig wieder ein. So ein Zwerg von Pferd ist Stanislaus gar nicht. Auch wenn das Minipony eine Menge Schabernack im Kopf hat, hat es auf seine Weise immer geschafft, sie einwandfrei durch die Winternacht zu dirigieren. Einmal, da hat Stanislaus sogar laut gesungen, damit sie im Einklang trabten.

„Herrje", murmelt Schneekönig. „Muss ich wirklich singen?"

Schneeweißchen sieht ihn belustigt an. „Er ist eben nicht umsonst das Christkindpony", kichert sie.

Schneekönig seufzt. „Ja, Stanislaus ist wirklich der Größte", gibt er leise zu, und dann stimmt er mit schrecklich schiefer Stimme ein Liedchen an: „Kling, Glöckchen, klingelingeling, kling, Glöckchen, kling!"

20. Dezember
Laternenwanderung

„Warum kommt ihr eigentlich nicht mit zu unserer
Laternenwanderung?", will Niklas wissen und sieht Mama,
Oma Hetti und Tante Lisa prüfend an.

„Weil wir noch eine Menge vorzubereiten haben", erklärt Mama.

„Was denn?", fragt Anika neugierig.

Tante Lisa lacht. „Eben eine ganze Menge! Schließlich ist in vier
Tagen Weihnachten."

„Können wir helfen?", fragen Emil und Leonie. Sie sind Cousin
und Cousine von Niklas, Anika und Lukas und heute mit Tante
Lisa auf dem Brombeerhof zu Besuch. Genauso wie Onkel Paul,
der mit Papa und den Laternen schon draußen auf sie wartet.

„Und wer füttert dann die Tiere im Wald?", fragt Oma Hetti
die Kinder. „Ihr wisst doch, was ich euch erzählt habe. Zu
Weihnachten können die Tiere sprechen."

„Nicht nur zu Weihnachten", kichert Anika leise und kassiert
prompt einen Stoß mit dem Ellenbogen von Niklas.

„Pst", flüstert er. „Das ist unser Geheimnis."

Anika nickt, auch wenn sie Emil und Leonie nur zu gern von
Stanislaus erzählt hätte. Schließlich gehören sie zur Familie, doch
Niklas hat recht. Es gibt Geheimnisse, die man für sich behalten
soll, besonders, wenn es um Weihnachtsgeheimnisse geht.

Die sind geheim am schönsten! Und genau um so eines handelt es sich bestimmt auch bei Mama, Oma Hetti und Tante Lisa. Sonst würden sie nicht so sehr darauf bestehen, dass die Kinder endlich das Haus verlassen.

„Dann gehen wir eben die Waldtiere füttern", meint Anika und zieht Leonie mit sich mit. Niklas und Emil kommen ebenfalls und natürlich der kleine Lukas, den sie in die Mitte nehmen. Vor dem Haus bekommt ein jeder von ihnen eine Laterne in die Hand gedrückt, dann geht die Laternenwanderung auch schon los. Papa und Onkel Paul schlagen den Weg in den Wald ein, als sie plötzlich in der Dunkelheit ein lautes Schnauben hinter sich hören. Erschrocken drehen sich die Kinder um.

„Woher kommt ihr denn?", lacht Anika erleichtert, als sie sieht, dass Stanislaus, Fee und Lucky ihnen hinterhergetrabt sind.

Emil und Leonie lachen! „Die sehen ja lustig aus", rufen sie und freuen sich über die Ponybegleitung.

Nur Papa sagt streng: „Ihr müsst das Stalltor immer gut verschließen. Das geht nicht, dass die drei einfach so frei herumlaufen."

Anika und Niklas nicken, obwohl sie genau wissen, dass sie das Stalltor immer gut zumachen. Doch Stanislaus ist eben ein besonderes Pony und deshalb wundern sie sich kein bisschen, als er ihnen vergnügt zuzwinkert. Gemeinsam stapfen sie durch den Schnee, während die Laternen einen warmen Schein verbreiten. Im Wald ist es mucksmäuschenstill und auch hier ist deutlich zu spüren, dass Weihnachten naht. Papa und Onkel Paul haben Maiszapfen und Getreide für die Futterkrippe mitgebracht, die die Kinder verteilen. Auch ein paar Runzeläpfel aus dem Keller legen sie hinein, als würden sie den Tisch für die Waldtiere decken. Und wirklich! Als alles angerichtet ist, fühlt sich das herrlich an. Es ist eben ein gutes Gefühl, auch an andere zu denken, besonders zu Weihnachten.

21. Dezember
Die heiligen drei Ponykönige

Von Weitem sieht Stanislaus, dass Anika und Niklas heute furchtbar schlechte Laune haben. Mit hängenden Köpfen steigen sie aus dem Schulbus.

„Was habt ihr denn?", wiehert er ihnen von der Ponyweide aus besorgt zu, als der Bus weitergefahren und die Luft rein ist.

„Das Krippenspiel fällt aus", murrt Niklas. „Dabei habe ich so lange dafür geübt. Es war alles umsonst!"

„Was ist denn passiert?", will Stanislaus wissen.

„Pech, wenn du mich fragst", seufzt Anika. „Drei von den Engeln sind krank geworden und die Wirtsfrau muss dringend zum Zahnarzt. Aber das wäre nicht weiter schlimm. Engel sind wir genug, und der Wirt kann auch alleine spielen. Aber ohne die heiligen drei Könige!?"

„Die Drillinge hätten sie spielen sollen", murrt Niklas. „Aber die sind schon in den Skiurlaub gefahren, ohne uns vorher Bescheid zu sagen."

„Bestimmt war das gar nicht ihre Idee, sondern die ihrer Eltern", versucht Anika ihre Mitschüler zu verteidigen. „Dabei hätte ich mich schon so darauf gefreut. Jedes Jahr veranstalten wir ein Krippenspiel in der Schule, ehe die Weihnachtsferien beginnen."

„Kann denn sonst niemand für die drei einspringen?", fragt Stanislaus verwundert.

Niklas und Anika schütteln die Köpfe. „Alle haben schon ihre

Rollen. Dabei müssen die drei Könige nicht mal einen Text aufsagen, sondern bloß am Ende des Stücks zum Jesuskind gehen und es bestaunen, mehr nicht."

Jetzt wollen auch Fee und Lucky wissen, was los ist. Schnell erzählt Stanislaus den beiden davon. Natürlich in Ponysprache, und als die drei deswegen die Köpfe zusammenstecken, lacht Anika plötzlich. „Ihr seht auch wie die heiligen drei Könige aus!"

„Ja!", ruft Niklas neben ihr. „Das ist die Lösung! Sie sollen einspringen!"

„Ist das dein Ernst?" Anika sieht ihren großen Bruder baff an. „Warum nicht? Sie sind zu dritt und Stanislaus versteht jedes Wort. Er wird wissen, was zu tun ist. Fee und Lucky brauchen es ihm nur nachzutun, mehr nicht. Bitte!" Flehend schaut Niklas zu Stanislaus. „Frag die beiden, ob sie das heute für uns machen, und du natürlich auch?! Ohne das Krippenspiel fehlt sonst etwas."

Da muss Stanislaus gar nicht lange überlegen. Schließlich geht es um Weihnachten! „Na, klar bin ich dabei", wiehert er und erzählt Fee und Lucky davon, die ebenso mitmachen.

„Juhu", jubeln die Kinder. „Jetzt muss nur noch die Lehrerin damit einverstanden sein."

Weil die Lehrerin ebenso traurig ist, dass das Krippenspiel beinahe nicht stattfindet, willigt sie in den ungewöhnlichen Vorschlag ein.

So machen sich die Kinder und die Ponys am Nachmittag auf den Weg zur Schule.

Die Kostüme der drei Könige passen den Ponys zum Glück wie angegossen. Jedes von ihnen trägt einen Umhang und auf dem Ponykopf sitzt eine goldene Krone. Anika hingegen trägt ein weißes Kleid. Sie spielt einen Engel, und Niklas den Josef.

Als das Krippenspiel beginnt, lauscht Stanislaus gebannt den Worten der Kinder. Es ist eine schöne Geschichte, die sie da erzählen, und ein bisschen erinnert sie ihn an das Christkind, das wohl vor 2000 Jahren in einem Stall von Bethlehem geboren wurde, was er bisher gar nicht gewusst hat.

Stanislaus ist so gefesselt, dass er beinahe ihren Auftritt verpasst. Doch dann trippeln die drei heiligen Ponykönige doch noch rechtzeitig über den Schulhof, der heute die Bühne ist. Das Publikum staunt nicht schlecht, als sie einen Knicks vor der Jesuspuppe machen. Es kommt schließlich nicht alle Tage vor, dass die heiligen drei Könige von Ponys gespielt werden, und noch dazu so gut. Als das Stück endet, gibt es tosenden Applaus für alle! Und Stanislaus weiß nun mehr denn je, dass alles gut werden wird. Das Christkind ist schließlich schon sehr nahe.

22. Dezember
Das goldene Glöckchen

Selten ist Stanislaus sprachlos. Doch als er mitten auf der Ponywiese etwas glitzern sieht, kommt kein Mucks über seine Nüstern. Stattdessen starrt er auf das Glöckchen, das golden mit dem Licht der Sterne um die Wette funkelt. So, als wollte es, dass er es entdeckt, weil es nun mal nicht irgendein Glöckchen ist. Sondern seines! Sein Glöckchen, das sonst neben dem Strohbett im Nikolaushaus hängt. Jetzt ist es hier, und das kann kein Zufall sein. Bestimmt ist es das Zeichen, von dem Huckelpuck gesprochen hat.

Das Christkind hat ihm also eine Botschaft geschickt und Stanislaus weiß, dass es an der Zeit ist, Abschied zu nehmen. Bei dem Gedanken wird ihm etwas schwer ums Herz. Er hat alle hier am Brombeerhof liebgewonnen, Menschen wie Tiere. Doch auf sein Zuhause freut er sich ebenso. Schnell streift er sich das Glöckchen über, denn es ist ein tröstendes Gefühl, es bei sich zu tragen. Entschlossen trabt er damit auf die Tiere auf der Ponywiese zu, und das Glöckchen bimmelt fröhlich bei jedem Schritt.

„Es ist so weit", ruft er. „Weihnachten ist bald da und ich muss gehen."

„Oh!", machen Fee und Lucky gleichzeitig. „Wir werden dich vermissen. Aber wenn es stimmt, was du uns erzählt hast, sehen wir uns am Heiligen Abend wieder."

„Ja", blöken die Schafkinder. „Durch dich sind wir ganz neugierig auf Weihnachten geworden."

Stanislaus lächelt. Dann verabschiedet er sich von allen und will schon lostraben, um auch den Kindern auf Wiedersehen zu sagen, als die alte Ziege meckert: „Eines würde mich aber schon noch interessieren. Und zwar, wie du überhaupt in den Himmel kommst?!"

„Na, ich fliege einfach", sagt Stanislaus geradeheraus, als wäre es das Normalste der Welt, dass Ponys fliegen können.

„Ui", blöken die Schafkinder beeindruckt. „Das wollen wir sehen!"

„Eigentlich ist das streng geheim", kichert Stanislaus unter seiner Wuschelmähne, doch weil ihn die Schafkinder so erwartungsvoll anschauen, und nicht nur die, tut er seinen Stallfreunden den Gefallen.

Er blickt sich um, die Luft scheint rein zu sein. Eine kleine Runde kann er also wagen, ehe er losmuss. Schon werden die Augen der Tiere riesig, als Stanislaus auf der Ponywiese Anlauf nimmt und – schwupp – vom Boden abhebt.

„Määäh, wie scheeen", meckert die Ziege, während Stanislaus über ihren Kopf hinwegschwebt.

„Dankö", nuschelt er, als er wieder landet.

Plötzlich knackst es hinter den Brombeerbüschen und drei Köpfe kommen zum Vorschein. Als Stanislaus sieht, wie die Kinder ihn mit leuchtenden Augen anstarren, fällt er aus allen Wolken, wie damals, als der Wintersturm ihn auf die Erde plumpsen ließ.

„Du kannst fliegen?!", ruft Niklas begeistert.

„Musst du jetzt gehen?", flüstert Anika.

„Ihr hättet das gar nicht sehen sollen", jammert Stanislaus.

„Das ist doch alles streng geheim. Was mache ich bloß?"

Da tapst der kleine Lukas auf ihn zu und zeigt mit seiner Handschuhhand auf Stanislaus' Rücken. „Traktor", ruft er.

Stanislaus weiß sofort, was der Kleine von ihm haben will.

Er möchte mit Stanislaus fliegen, aber das geht natürlich nicht, oder doch? Jetzt, wo die Kinder ohnehin Bescheid wissen, was hat er da zu verlieren?! Er sollte wohl das Beste daraus machen – und das bedeutet für Stanislaus, die Kinder fröhlich zu sehen. Was soll daran schon verkehrt sein?

An etwas Wunderbares zu glauben, so sehr, dass man es bis in den letzten Winkel seines Herzens spürt, das fühlt sich nicht nur hoffnungsfroh an, sondern auch gut. Und wenn das Wunderbare, an das man so sehr glaubt, dann noch Wirklichkeit wird, ist es so vieles mehr.

23. Dezember
Stanislaus fliegt

Kinder fröhlich zu machen, das kann niemand so gut wie Stanislaus. Und Fröhlichkeit ist etwas, das man immer bei sich haben sollte. Sie macht das Leben so viel schöner und deshalb grübelt Stanislaus nicht länger. Weihnachtsregel hin oder her! Wenn er auf der Erde etwas über Weihnachten gelernt hat, dann, dass Weihnachten besonders schön ist, wenn man es freudig erwartet. So wie Niklas, Anika und Lukas es tun, und deshalb trippelt er nun auf sie zu und trällert fröhlich unter seiner Wuschelmähne: „Lust, eine Runde mit mir zu fliegen?"

Lukas zögert nicht lange. Schon krabbelt er auf Stanislaus' Rücken, als er vor den Kindern in die Knie geht, um sie aufsteigen zu lassen.

Anika und Niklas jedoch rühren sich keinen Millimeter. „Wie jetzt?", stammelt Niklas verdattert. „Wir sollen aufsteigen? Alle drei?"

„Sind wir nicht viel zu schwer für dich?", murmelt Anika.

„I-wo", trällert Stanislaus, weil er eben nicht irgendein Pony ist, sondern das Christkindpony, und das kann solche Dinge. Aber das verrät er ihnen dann doch nicht. Manche Geheimnisse sollen schon geheim bleiben, und genau das versucht er ihnen als Nächstes auch zu erklären, indem er sagt: „Durch euch habe ich eine Menge über Weihnachten erfahren. So viele schöne Dinge!

Die Adventbräuche, die Weihnachtslieder, die Geschichten, das Beisammensein. Kekse und Apfelpunsch. Einander helfen und sich gemeinsam auf etwas freuen, während man auch an andere denkt. Das ist es, was Weihnachten ausmacht. Deshalb werdet ihr bestimmt verstehen, dass ich euch nicht alles verraten kann. Es ist ein bisschen so wie mit dem Adventkalender." Er grinst. „Wenn man nicht weiß, was drin ist, macht das Aufmachen umso mehr Spaß, findet ihr nicht auch?"

„Und wie!", rufen Anika und Niklas gleichzeitig.

Stanislaus nickt zufrieden. „Dann versteht ihr bestimmt, dass ich nur deshalb gehe, um euch Weihnachten zu bringen!"

„Schon", seufzt Anika. „Aber wir werden dich trotzdem ganz schön vermissen!"

„Ein sprechendes Pony, das fliegen kann, das erlebt man eben nicht alle Tage", lacht Niklas.

„Ich könnte ja ab und an wiederkommen", schlägt Stanislaus vor. „Im Sommer habe ich nie viel zu tun."

„Oh ja!", rufen die beiden und fallen Stanislaus glücklich um den Hals. Dann endlich klettern sie auf seinen Rücken. Anika setzt sich vorne hin und Niklas hinten, damit sie ihren kleinen Bruder in die Mitte nehmen können.

„Alle gut festhalten", trällert Stanislaus und schon fliegt er mit den Kindern über die Ponywiese, während der Brombeerhof unter ihnen kleiner und kleiner wird, und Stanislaus höher und höher fliegt, dem Mond entgegen.

„Wie schön!", jauchzt Anika.

„Wie cool!", jubelt Niklas.

„Traktor!", ruft der kleine Lukas.

„Grumm-Brumm!", schnaubt Stanislaus und alle lachen.

Als er die Kinder nach einer Weile wieder wohlbehalten auf der
Ponywiese absetzt, leuchten ihre Augen wie nie zuvor. Auch
noch, als Stanislaus abermals abhebt und schließlich in der
Dunkelheit der Nacht verschwindet.

24. Dezember
Weihnachten für alle

Die Freude ist riesig, als Stanislaus den Himmel erreicht. Dem Nikolaus kullern sogar ein paar Tränchen der Erleichterung in den Rauschebart und er schnieft: „Da bist du ja endlich! Was ist passiert!"

Stanislaus erzählt von seinen Erlebnissen auf der Erde und alle hören ihm gespannt zu. Der Nikolaus, die Weihnachtspferde, auch jene Engel, die ihre Arbeit schon erledigt haben, und je mehr Stanislaus erzählt, umso größer werden ihre Augen.

„So ist das also", staunt Engel Benedikt. „Ganz schön spannend, Weihnachten mal aus der Sicht der Menschen zu erleben."

„Und wie", bestätigt Stanislaus und erzählt rasch weiter, damit seine Freunde aus dem Himmel alles erfahren. Und zwar haargenau, bis am Himmel hell die Sterne funkeln.

„Jetzt müssen wir uns aber tummeln", ruft Schneekönig erschrocken, denn auf der Erde ist längst feierliche Stimmung eingekehrt.

„Lustig, lustig trallalawieha. Endlich ist der Heilige Abend da", trällert Stanislaus und ist froh bei der Bescherung dabei sein zu können. Nie im Leben würde er sich das entgehen lassen wollen. Er liebt nun mal Weihnachten, genau wie die Kinder! Voller Freude trabt er mit den zwölf Weihnachtspferden zum Schlitten, der schon vollgepackt mit Geschenken auf sie wartet. Jedes Weihnachtspferd nimmt rasch seinen Platz ein. Schneekönig und Schneeweißchen gehen zuerst. Gefolgt von Flocke und Glitzer. Dann Sternchen und Glöckchen. In der Mitte gehen Eissturm und Frosty. Dahinter Zimthuf und Wolke. Zu guter Letzt geht Johannes mit Frau Holle. Und ganz vorne – das ist der Platz von Stanislaus.

Jetzt fehlt nur noch das Christkind, da kommt es schon. In seinem Wintermantel strahlt es so viel Wärme und Güte aus, dass Stanislaus laut aufseufzt. Hoffentlich ist es ihm nicht böse, weil er die Geheimhalte-Weihnachtsregel gebrochen hat, und zwar mehrmals.

Doch kaum hat er das gedacht, hört er auch schon die vertraute Stimme vom Christkind ganz nah an seinem Ohr: „Ich bin auch froh, dass du wieder da bist. Und mach dir keine Sorgen, lieber Stanislaus! Du bist und bleibst das Christkindpony, weil niemand es so gut versteht, die Kinder fröhlich zu machen."

„Dankö", nuschelt Stanislaus gerührt und gibt dann das Zeichen zum Start. Schon galoppieren die Weihnachtspferde los. Der Schlitten fliegt dahin. Durch die dunkle Winternacht. Klingelingeling.

Und jedes Kind auf der Erde wird von ihnen beschenkt. Je später der Abend wird, umso mehr schrumpft der Geschenkeberg auf dem Schlitten, doch auf dem Brombeerhof sind sie bisher noch nicht gewesen. Der ist erst ganz am Schluss dran.

„Willst du dieses Mal die Geschenke verteilen?", meint das Christkind, als sie endlich auf der Ponywiese landen. „Du kennst dich hier ja gut aus."

Begeistert nickt Stanislaus, und als er zum Schlitten trippelt, um die Geschenke für die Kinder zu holen, sieht er, dass dort auch noch andere liegen. Und zwar für die Schafkinder, für Fee und Lucky, für die Katze. Ja, sogar für die alte Ziege ist ein Geschenk dabei. „Die Tiere bekommen auch etwas?", wiehert Stanislaus aufgeregt.

Das Christkind lacht glockenhell. „Na, jetzt, wo sie dank dir wissen, was Weihnachten ist, können wir sie doch nicht leer ausgehen lassen."

Da strahlt Stanislaus von einem Ponyohr zum anderen und trippelt auf Samthufen über den Hof. Blitzschnell und ganz leise teilt er die Geschenke aus.

Danach bleibt ihm nur noch eines zu tun. Und zwar das Zeichen zu geben, das Glöckchen zu läuten. Damit ein jeder weiß, dass nun das Christkind gekommen ist.

Klingelingeling! Frohe Weihnachten!